学校司書研修ガイドブック

現場で役立つ23のプログラム

学校図書館まなびの会

玉川大学出版部

学校司書研修ガイドブック

現場で役立つ23のプログラム

目次

はじめに　4

第1部　研修を始める前に　7

1　学校司書とは何か　8

2　学校図書館の基本　Q&A　9

3　研修計画の立て方　15

第2部　研修プログラム　21

研修プログラムの構成と進め方　22

（資料）研修のふりかえりシート

研修プログラム

1　新任者研修　28

2　学校図書館とは何か　33

（資料）チェックシート

3　学校図書館に求められる資料の種類と特性　42

（資料）チェックシート

4　学校図書館資料の構築

4-1　図書の選択と収集　50

（資料）ワークシート

4-2　図書の分類と配架　60

（資料）ワークシート

4-3　図書の廃棄と更新　73

（資料）ワークシート

5　学校図書館の環境整備

5-1　学校図書館の案内表示と掲示　82

5-2　学校図書館見学　85

6 子どもの本を知る 88
7 本を評価する 92
（資料）選定用評価票
8 読書活動の時間 98
（資料）読書活動アンケート
9 読み聞かせ 106
10 ブックトーク 113
11 学校図書館オリエンテーションと利用指導
11-1 学年始めのオリエンテーション 120
11-2 学校図書館利用指導 123
（資料）情報カード
11-3 学校図書館活用年間計画の作成と教科書 130
（資料）ワークシート
12 学校司書がおこなう調べ学習支援 135
（資料）パスファインダー
13 レファレンスサービス
13-1 参考図書（レファレンスブック）を知る 145
（資料）レファレンス記録票
13-2 レファレンスインタビューの実際 152
（資料）レファレンスインタビュー記録票
14 学校図書館と子どもとのかかわりを考える
14-1 子どもの発達と課題 157
（資料）事前アンケート
14-2 図書館の利用に困難のある子どもと向き合う 163
15 広報 169
（資料）図書館だより
16 業務のふりかえりと次年度の資料作り 177
（資料）次年度の目標、計画案
おわりに 182
研修に役立つブックリスト 184
索引 189

はじめに

この本は学校司書、研修を実施する学校図書館支援センター職員、読書活動を実践してきた教員らが、現場の経験を生かして作った学校司書の研修ガイドブックです。「こんな研修がよかった」「こんな研修を受けたい」をかたちにしました。

テーマ別に具体的な研修内容と実施方法を示しました。また、多くの関連資料から、とくに役立つものを精選しテーマごとに掲載しました。

１９５３年の「学校図書館法」制定以来、実際に学校図書館の運営を担う肝心の「職員」はずっと不在のままでした。そのため、独自に司書を配置した自治体以外では、学校図書館は「古く汚れた本ばかり」「なんとなく本を読むだけ」「鍵がかけてある」「授業では使わない」「本好きの子だけが利用」という、設置目的とはかけ離れた実態が続きました。

２０１４年の学校図書館法改正で、「学校司書」が正式な職名として新設されました。さまざまな職名で自治体独自に配置されてきた学校図書館担当職員の実践と関係者の努力の賜物です。

２０１６年には国が「学校図書館ガイドライン」*で、「学校図書館の運営上の望ましい在り方」を示しました。各教育委員会はこれをふまえ、学校司書配置の促進、研修などの施策と取り組みをおこなうことになりました。

学校では、校長が図書館長として学校図書館を活用する経営方策を考え、教職員が連携・協力して組織的に取り組みます。例として、計画的な校内研修や司書教諭による学校

学校図書館ガイドライン
「学校図書館の整備充実について（通知）」（文部科学省　２０１６年11月）に添付されている。

図書館を活用した授業の実践、また、学校司書の職員会議や校内研修参加があがっています。

２０１４年以降、学校司書の配置[*]は年々増え、２０１８年現在、小学校59・２%、中学校58・２%です。しかし、正規職員はごくまれです。半年や1年雇用の非正規職員が多く、研修は実施できていなかったり、おこなわれても回数が少なかったり、内容が場当たり的になったりしているのが現状です。

そのため、学校司書の意欲や力の差が広がり、学校司書が配置されている同じ自治体のなかであっても、蔵書や活用状況に大きな学校格差ができつつあります。このように学校ごとに蔵書や分類の状態にばらつきがある現状においては、学校司書は転勤のたびに転勤先で蔵書の確認や分類を一から見直さざるをえず、専門職をめざし自己研鑽を怠らない意欲のある学校司書が転勤のたびに疲弊していきます。

本来、図書館の仕事は、何代もの学校司書が基本を守り引き継いで、必要とされる蔵書を維持していくものです。ですから、計画的な研修をおこない、どの学校司書もあるレベル以上の仕事をおこなえる力をつける必要があるのです。そうすれば、意欲の高い学校司書はさらに、教職員と協働する教育的支援も積極的におこない、現任校の学力向上に大きく貢献していくことができます。自治体全体のレベルアップにもつながっていくでしょう。

とはいえ、現実問題として研修を立案する担当者が多忙だったり、教職員に学校図書館を活用した体験が少なかったりという難しさもあります。

学校司書の配置
平成28年度「学校図書館の現状に関する調査」結果について（文部科学省　２０１６年10月）。

そこで、第1部では学校図書館にかかわるにあたって、理解しておくべき基本を「1　学校司書とは何か」「2　学校図書館の基本　Q&A」でまとめました。さらに研修を柔軟にかつ効果的におこなう計画立案の工夫として「3　研修計画の立て方」を加えました。

第2部は、テーマ別の具体的な研修案です。役立つ研修にするための事前課題や当日配布するとよい資料例も入れました。研修が未実施だったり、回数が少ない自治体に勤務する学校司書にも役立つように詳しい講義内容にしました。なお、大きく16に分類した研修プログラムのうち5つのプログラムで複数の研修案を紹介しています。タイトルに「23のプログラム」とあるのはそのためです。

子どもたちは、好奇心の塊です。学校図書館でひとりひとりに適した資料と出合うと「わかった！」と顔を輝かせます。その表情を見ると、「わかる喜びは学びの原動力」だと痛感します。

教職員と協働できる学校司書を育てる鍵は、学校司書と司書教諭、教職員への継続的な内容ある研修なのです。

第1部　研修を始める前に

1　学校司書とは何か

研修によって育成していく「目指すべき学校司書像」を大きく3つに分けてみました。目指すのは「学び続ける学校司書」です。

1. こんな図書館にしたい《大好き、わたしたちの図書館》

・毎日いきたい　・ホッとする　・気持ちよくすごせる
・整頓され探しやすい　・見やすいサインがある
・いろいろな資料に出合える
・読み継がれてきた本は全部ある
・おもしろい本がいっぱい
・どの本もすすめられる質を確保
・いつも新しい本がある
・わくわくできる展示
・子どもの作品を展示

どの本も
おすすめです。

2.　こんな司書になりたい《ずっと、心に残る本を手渡す》

・すばやく的確な支援　・ひとりひとりを知って対応
・視線を合わせて聞く　・笑顔で見守る
・いろいろな手渡し方を習得
・ピッタリの本を紹介
・夢中になって聞いてもらえる読み聞かせ
・素話《すばなし》も語れる
・子どもの発達過程を知っている
・本の並び方も楽しく指導
・図書館の大切さを実感してもらえるサービス
・実践記録を取って向上する

子どもの本の
ことなら
おまかせ！

3.　教員と協働し、司書力で授業を支えられる
《「?」を「!」にする支援》

・教員に信頼される　・レファレンスに適切に対応
・教科書の単元に合わせた資料提供
・資料の調べ方を指導できる
・情報の探し方はおまかせ
・年間教育指導計画を知り、
　図書館サービス計画を立てる

気軽にお声がけ
ください。

⬇

図書館のプロとして日々研鑽

2　学校図書館の基本　Q＆A

学校図書館は1953年の学校図書館法制定時から必置が定められていましたが、専任の運営者の不在が長年続き、めざした図書館の機能は発揮されず「国語科中心の利用や、本好きな児童生徒だけの場所」という矮小化された状態にあったことは「はじめに」で述べたとおりです。その間、学校生活を送った人々の多くは、学びを豊かにし、学び方を身につける図書館の本来の機能を経験できませんでした。「図書室」という「たんに本が置いてある場所」をイメージさせる呼称も無意識に使われてきました。

学校司書の配置が広がりつつある現在、学校図書館活用の経験が乏しい教員からは、どのように協働すればよいのかと戸惑いの声があがっています。学校司書と司書教諭の違いも認識があいまいです。一方、独自の学校司書配置と研究が進んだ地域では、各教科で学校司書と教員との協働がおこなわれた結果、図書館資料を生かす学校図書館の機能が発揮され、着々と教育成果をあげています。

そこで、研修担当者にまず「学校図書館の基本」を確認していただくとともに教職員にも周知すべき事項を、以下のとおりQ＆Aの形式でまとめました。

Q1　どうして「図書室」と呼ばないほうがよいのでしょうか。

A1　「図書の置いてある部屋」というような誤ったイメージをあたえるためです。学校図書館法に必置が定められているのは「部屋」や「場所」ではなく、「機能」をも意味する「学校図書館」という「機関」なのです。この機能についてはQ４で述べています。「学校図書館」は「図書館」であり、そこには４つの要素があります。「施設」「資料」「職員」「利用者」です。教員は利用者ですから、「職員」として「学校司書」や「司書教諭」が常時いなくてはなりません。さらに、図書館にはネットワークがあり、公共図書館や他校の図書館との連携ができます。

Q２　学校図書館法はどのような法律ですか。

A２　１９５３年に制定され、１９９７年、２０１４年に改正されています。この法律の目的、定義、設置義務、学校図書館の運営、司書教諭、学校司書、設置者の任務、国の任務が定められています。２０１４年の改正で「学校司書の規定」が新設されました。必ず、全文に目を通すことが必要です。

Q３　「学校図書館ガイドライン」とはなんですか。

A３　文部科学省が「学校図書館の整備充実について（通知）」（２０１６年11月）で示した全国的な指針で、「学校図書館の運営上の重要な事項についてその望ましい在り方を示したもの」です。内容は、学校図書館の目的・機能、運営、利活用、携わる教職員等、図書館資料、施設、評価についてです。たとえば、「学校図書館の運営」や「学校図書館に携わる教職員等」では、校長が「学校図書館の館長」として、「学校図書館の運営・活用・評価に関してリーダーシップを強く発揮するよう努めること」や、教員が学校図書館を積極的に活用して教育活動を充実すること、学校司書や司書教諭が、教員の教育活動への支援や助言をおこなうことなどをあげています。「学校図書館の整備充実について」の通知には、教育委員会が「一定の資質を備えた学校司書の配置やその支援を継続して行うこと」とあります。また「司書教諭や学校司書を対象とした研修」については「職務経験や能力に応じて研修内容の構成及び研修方法を工夫して設定することが重要である」と記されています。

Q４　学校図書館にはどのような機能がありますか。

Ａ４　おもに３つの機能があります。「学校図書館ガイドライン」には「学習指導要領をふまえ、各教科等において」計画的に利活用し、その際、「各教科等を横断的に捉え」て「情報活用能力を学校全体として計画的かつ体系的に指導する」とあります。読書活動だけでなく、学習・情報センターとしての機能も活用することが大切です。

①「**読書センター**」
児童生徒の自由な読書活動を推進し、読書指導を展開する拠点

②「**学習センター**」
児童生徒の学習活動を支援したり、授業内容を豊かにしその理解を深めたりする拠点

③「**情報センター**」
児童生徒の情報活用能力を育て、教員の情報ニーズに対応する拠点

Ｑ５　司書教諭と学校司書の資格は違いますか。

Ａ５　資格と採用、勤務について述べます。

【司書教諭】

教員免許をもつ人が司書教諭講習を修了し、学校長や教育委員会から発令を受けます。学校図書館法第５条では、「置かなければならない」としていますが、11学級以下の学校においては当分の間「司書教諭を置かないことができる」という設置の特例があります。発令を受ける正規職員の教員は学級や教科担任であり、授業の減免などがほとんどないのが現況です。

【学校司書】

「専ら学校図書館の職務に従事する職員」として置くように努めなければなりません（学校図書館法第６条）。近年、学校司書の養成課程を設ける大学が出てきましたが、独自の資格はまだありません。自治体にもよりますが、採用にあたり、公共図書館の資格である「司書・司書補」や「司書教諭」などを応募条件にしている場合が多くなっています。しかし、資格を問わない採用もあり、研修での資質の向上が急務です。勤務形態は現在多くが短時間の非常勤です。一校専任ではなく、巡回や複数校兼務も多く、夏季休業中の雇用がない場合もあります。

「学校図書館ガイドライン」では「児童生徒の登校時から下校時までの開館に努めること」としています。また、求められている教員の教育活動への支援には、児童生徒の下校後に教員との相談が必須ですから常勤の勤務が不可欠なのです。経験の蓄積とたゆみない研鑽が必要な職務です。研修でその資質や役割を明確にして、校内でも共有することが大切です。

Q6　学校図書館を運営する司書教諭と学校司書の役割はどう違うのですか。

A6　ともに学校図書館を運営する人です。児童生徒、教員への図書館利用、読書に関する助言、指導は両者が協力しておこないます。

【司書教諭】

「学校図書館の専門的職務をつかさどり、学校図書館の運営に関する総括」をします。「学校経営方針・計画等に基づいた学校図書館を活用した教育活動の企画・実施」を担います。読書や情報活用の年間指導計画*を立案します。図書館活用を活発にするために研究授業や、他教員への積極的な助言をします。学校司書との連携を積極的に進め、学校司書と教員をつなぐ役割も担います。

【学校司書】

「専門的・技術的職務」に従事するとともに、学校図書館を活用した授業やその他の教育活動を司書教諭や教員と進めます。職務には3つの観点があります。①間接的支援、②直接的支援、③教育指導への支援です。①は資料を選び購入し並べ、使えるように整備する職務です。②はいろいろな技術や方法で「資料を手渡す」職務で、たとえば、ブックトークや展示です。③は教科などや特別活動の指導や情報活用能力育成を支援する職務です。①の職務は目立ちませんが、②③の支援の土台となります。①②③はかかわり合い重なり合っています。学校司書は、授業や活動を司書

年間指導計画
『「学校図書館ガイドライン」活用ハンドブック　解説編』などの学校図書館関係の書籍で年間計画が公開されているので参考にするとよい（参考文献38ページ）。

教諭とともに推進するために教育課程を理解し、職員会議などに参加して学校の動きをつかみ教員と密に打ち合わせをして学習指導の支援をすることが求められています。ほかに運営にかかわる人には、管理職や図書主任、係教諭、図書委員会担当教員がいます。

Q７　学習指導要領*との関連はどうなっていますか。

A７　学習指導要領に示された「生きる力」（みずから考え、主体的に判断し、行動できる資質や能力）を育むために、学校図書館が、さまざまな学習活動を支援する機能を果たしていくことが今まで以上に求められています。小中学校学習指導要領の「第１章　総則*」内の「第３　教育課程の実施と学習評価」の「１　主体的・対話的で深い学びの実現に向けた授業改善」において「(7)　学校図書館を計画的に利用しその機能の活用を図り」「自主的、自発的な学習活動や読書活動を充実すること」とされています。「第２章　各教科」のなかにも学校図書館の利活用について示されています。言語能力の育成や情報活用能力の育成などについても学校図書館にかかわる記述が見られますので、確認しておく必要があります。

学習指導要領
平成29年文部科学省告示の学習指導要領。

総則
研修プログラム11-2参照。

3　研修計画の立て方

計画の立て方と実施方法には、いくつかのポイントがあります。たとえば、研修担当者は対象者に適した計画を立てることが必要ですが、学校司書にはまだ独自の資格がありません。有資格者でも学んだ科目や実務経験で身につけた技術、知識は人によって異なっています。そこで、対象者の実態を把握することから始めることが必要です。

研修の立案から研修後の反省まで順を追って説明していきます。

(1) 研修対象を知る事前調査

自治体での採用資格要件は「司書」「司書教諭」「教員免許」が多いようです。学校図書館ボランティアでの現場経験を考慮することもあります。調べる項目は「資格」「経験や年数」です。

- 関連資格（司書・司書補、教員免許、司書教諭講習修了者、学校司書課程修了者）

司書は公共図書館などで働く専門的職員です。資格取得の講習はおもに大学でおこなわれ、13科目24単位です。司書教諭は教員免許がある人が、5科目10単位の講習を受けます。また、２０１６年に文部科学省が提示したモデルカリキュラムに基づき各大学での学校司書養成が始まったところです。

- 経験や年数

学校司書（小、中、高校）／図書館司書（公共、専門、大学）／教員（小、中、高校）／子

ども文庫やボランティア（読書・図書館）*

・小中学校でも学校司書の具体的な働き方に違いがあります。学校図書館ボランティアの経験者も増えていますが、内容は自治体や学校でさまざまです。

・司書などの資格や一定期間の図書館経験があっても、必ずしも学校司書の目指すべき職務を理解しているとはいえないこともあります。確認も含めて採用時には基本の研修が必要となります。

（2）年間計画の立て方

・予算と実施回数、会場などを勘案して立案します。年数回しか実施できない場合や学校司書が研修のために出張することが難しいときの工夫は（４）で述べています。

・（１）の対象の事前調査をふまえ、どんな力をつける研修が必要か、優先すべきかを考えます。その際、過去の研修記録に目を通し、第２部の研修テーマのなかから優先順位を決めます。「研修プログラムの構成と進め方」（22ページ参照）で各プログラムの内容を簡単に紹介しています。

・内容により、司書教諭、図書主任との合同の研修を考えます。

・予算を考慮し、外部の専門家を毎回招聘せず自治体内の人材を生かします。公共図書館との連携も大切です。

例１　指導主事による最新の教育動向やティーム・ティーチング（ＴＴ）などの授業支援のしかた

例２　学校の人材（管理職・教務主任・司書教諭・事務主事・養護教諭）による校内研修

ボランティア（読書・図書館）
「読書ボランティア」は、おもに読み聞かせや紹介などを、「図書館ボランティア」は、おもに環境整備（書架整理・装飾など）や貸出などを実施している例が多い。

・会場は各校もちまわりにすると、他校の見学もかねられます。先進校が会場の場合は実践報告をしてもらいます。

（3）講師の探し方

・近隣の地域に適当な人がいない場合、以下に問い合わせます。
①都道府県立図書館、地元の公共図書館
②研修の先進地区の教育委員会
③子どもの本や読書の関連団体（連絡先は各ホームページ参照）
「全国学校図書館協議会」「日本子どもの本研究会」「学校図書館問題研究会」「児童図書館研究会」「日本図書館協会」

（4）研修方法の工夫

・毎回「研修のふりかえり」をおこないます。研修が現場で生かされると同時に、研修内容の改善のためにもなります。「ふりかえりシート」の例は27ページを参照してください。
・話しあい、グループ作業の手法を取り入れると効果的です。
・情報交換はテーマを明確にします。校種別に4～6人単位でおこない、大きめの付箋に要点のメモを取ってもらいます。終了後に集めて大きい用紙に貼りコピーします。簡単に配布資料ができあがり、各グループの話しあいや実践が共有されます。
・年数回しか研修を実施できない場合や学校司書が研修のために出張するのが難しい自

治体では通信による研修も考えます。手順は以下のとおりです。①課題と提出書式をメールで送付、②各校がメールで課題提出、③担当者がまとめて各校へ情報提供、④感想や自校の改善策などをメールで提出

・未実施の月に、先の見通しをもって①②だけでもおこなうと、自校の課題に気づく効果があります。開催時に提出して検討もできます。課題の例は、学校図書館チェックシート①、②（40～41ページ）を参照してください。

・データ集計や記録の形式は担当者にも回答者にもできるかぎり負担の少ないものにします。

・テーマごとの具体的な工夫は第２部を参照してください。

（５）研修記録の作成

・研修担当者は必ず簡単な研修記録を取り、当日の資料とともにファイルします。

・担当者が交代しても研修の成果を積みあげることができます。

（６）研修を生かす大切なポイント

・教員の学校図書館研修と並行して実施します。学校司書が学ぶだけでは、本当の成果は出てきません。とくに司書教諭、図書主任の研修と同時開催する方法を工夫します。

・研修参加者が管理職に「研修の要点と成果、課題」を報告するまでが研修です。報告の必要性を参加者に周知します。

- 教育委員会は校長に学校図書館館長としての役割と、学校司書研修報告の件を知らせておきます。
- 担当者が指導主事の場合は、研究授業などの講評で学校図書館活用例を指導したり、学校訪問では学校図書館も見学し活用状況を聞いたりしてください。おのずと研修課題が浮かびあがってきます。

第2部　研修プログラム

研修プログラムの構成と進め方

本書で紹介するプログラム例は、毎月1回程度、1年間にわたって実施することを想定しています。学校司書が基本的に知っておくべきこと、身につけるべき技術について実践的に学ぶことができるようプログラムを計画しました。このなかから、毎年おこなうもの、年によってかえるものを選んで研修計画を立てることができます。

対象は、おもに学校司書の初級者ですが、教員、とくに司書教諭の研修にも応用できます。また、中級者、上級者向けに内容をグレードアップしたプログラムを掲載しているものもあります。

全体の構成、各プログラムの構成と内容は次のとおりです。

Ⅰ　全体の構成

プログラム1　新任者研修

着任後におこなう研修で、経験の有無にかかわらず全員が受講します。

プログラム2　学校図書館とは何か

おもに経験のない学校司書を対象としていますが、勤務経験のある学校司書も、勤務先（自治体）によって勤務条件や業務内容が異なるため、基本的な事項を確認する必要があります。

プログラム３　学校図書館に求められる資料の種類と特性

学校図書館で収集、提供する資料について、印刷資料（図書など）だけではなく博物資料や視聴覚資料、電子メディアなどについても幅広く学びます。

プログラム４　学校図書館資料の構築

４-１図書の選択と収集、４-２図書の分類と配架、４-３図書の廃棄と更新の３つのプロセスに分けて学び、学校司書の役割を確認します。学校司書だけでなく、司書教諭も学ぶべき内容です。

プログラム５　学校図書館の環境整備

５-１学校図書館の案内表示と掲示で、学校図書館に必要な案内表示や掲示について学ぶとともに、５-２学校図書館見学では、自治体内外の先進的な学校図書館を見学して自校の課題を確認し、改善につなげます。

プログラム６　子どもの本を知る

長年読み継がれてきた子どもの本を読み、読書会の形式で意見交換をおこなうことで、自分のなかに本を評価するためのものさしを作ります。課題図書の選び方により、経験年数にかかわらず実施することができます。

プログラム７　本を評価する

評価票を使った模擬選書会議により、資料の評価をおこないます。また、グループでおこなうことにより、異なる視点からの意見を出しあうことができます。

プログラム８　読書活動の時間

小学校司書を対象とした、読書活動の時間の確保と内容の充実について学ぶ研修です。司書教諭も学ぶべき内容です。

プログラム9　読み聞かせ

読み聞かせの意義や方法について、実技を取り入れて学びます。教員が学級でおこなう読み聞かせの研修にも使用できます。

プログラム10　ブックトーク

対象やテーマ、時間に合わせておこなうさまざまなブックトークの形式や内容について、実技をもとに学びます。

プログラム11　学校図書館オリエンテーションと利用指導

新学期におこなう図書館の利用指導とその具体的な方法について11－1学年始めのオリエンテーション、11－2学校図書館利用指導、11－3学校図書館活用年間計画の作成と教科書の3つに分けて学びます。

プログラム12　学校司書がおこなう調べ学習支援

調べ学習の授業支援や児童生徒への学習支援について具体的な事例を紹介し、パスファインダーなどの資料作成について学びます。

プログラム13　レファレンスサービス

児童生徒や教員からの質問にどのように答えるか、そのプロセスや参考図書の種類、インタビューの方法などについて、13－1参考図書（レファレンスブック）を知る、13－2レファレンスインタビューの実際のふたつに分けて学びます。

プログラム14　学校図書館と子どもとのかかわりを考える

14－1子どもの発達と課題では、児童生徒の発達段階を知り、よりよいかかわり方について学びます。また、14-2図書館の利用に困難のある子どもと向き合うでは、図書館の利用に困難のある児童生徒についての知識を深め、だれもが使いやすい学校図書館にするよう、自校の改善点について考えます。

プログラム15　広報

図書館だよりや学校のホームページなどでの学校図書館の広報活動について学びます。

プログラム16　業務のふりかえりと次年度の資料作り

年度の最後におこなう研修です。1年間の活動をふりかえり、次年度の活動に向けた資料を作成します。

Ⅱ　各プログラムの構成

各プログラムの構成は次のとおりです。

研修のめあて

本研修の目的と身につけるべき知識や技術を示しています。

対象者

学校司書を対象としていますが、参考としてグレードを示しています。内容によっては教員（司書教諭・図書館担当教員）も対象となります。

講師

テーマに適した講師を示しています。

事前課題

事前に課題を出すことで、問題意識をもって研修に参加することができます。また、演習を効率的、効果的におこなうことができます。掲載した様式例を自由にアレンジして利用してください。

研修プログラム

研修プログラムは全体で110分、3つの項目から構成されています（参考として時間配分を入れています）。

①本日のめあてと活動の流れ

研修担当者が説明します。

②プログラム

③本日の研修ふりかえり

研修担当者がまとめをおこないます。学校司書には、研修を通しての気づきや学び、もっと知りたいことや疑問をふりかえりシート（27ページ）に書いて提出してもらいます。

研修の内容と解説

プログラムの具体的な内容や進め方、講義で話すべき内容のポイントを解説しています。

研修のふりかえりシート

本日の研修に参加して

年　　月　　日

（　　　　　）小・中学校　司書・教員　　氏名（　　　　　　　　）

研修テーマ　【　　　　　　　　　　　　　　　　　　　　】

1. 本日の研修は役立ちましたか。（番号に○）

1 役立った　　2 やや役立った　　3 あまり役立たなかった
4 役立たなかった　5 よくわからない

2. 本日の学びから、自校で改善したいことや取り組みたいことをご記入ください。

・

・

3. 本日の研修について改善点があればご記入ください。また、その理由があればご記入ください。

・

4. もっと知りたかったことがあればご記入ください。

・

ありがとうございました。

研修プログラム１　新任者研修

研修のめあて

・学校司書としてまず取りかかるべき仕事を知る。
・学校という職場を知る。

対象者

学校司書（新規採用者）

講師

指導主事、採用担当者、学校図書館支援スタッフ、先に勤務している学校司書

準備するもの

新規採用者の席札（氏名・配置校を記入したもの）

【研修プログラム】

《本日のめあてと活動の流れ》（5分）
Ⅰ　学校司書の役割（40分／講義）
Ⅱ　学校という職場（40分／講義）
Ⅲ　グループ討議（20分）
《本日の研修ふりかえり》（5分）

【研修の内容と解説】

Ⅰ　学校司書の役割

1　学校図書館と学校司書の役割（研修プログラム2参照）

・学校図書館は学校に置かなければならない施設であると学校図書館法*に定められている。

・学校図書館の機能を知る。*

「読書センター」「学習センター」「情報センター」の機能がある。

・司書教諭と学校司書の役割の違いを知る。

2　すぐ取りかかるべき仕事

学校司書の役割について「学校図書館ガイドライン」に、大きく以下の3つの観点が示されている。司書教諭・図書館担当教員、管理職との打ち合わせにより現状と要求を知り、どこから取り組むのか、優先順位を考える。

（1）間接的支援

書架整理や環境整備などの基本的な業務から始める。学校図書館の整備が段階をふんで進み、利用が広がったあとも重要性が下がることはない。

（2）直接的支援

開館し、貸出をおこなうことから始まり、利用ガイダンスの実施、個別の読書案内

学校図書館法
1953年に制定された。1997年、2014年に改正されている。

学校図書館の機能を知る
「学校図書館の整備充実について（通知）」（文部科学省　2016年11月）に添付されている学校図書館ガイドラインを参照。

や レファレンスに対応することにまでおよぶ。まずは児童生徒が安心して利用できる場所だと思えるような接し方が必要である。

(3) 教育指導への支援

教育活動のねらいに沿った支援が必要になるため、教員との打ち合わせが必須である。具体的な相談だけでなく教員との信頼関係を築くことができればより深い支援が可能になるので、じっくり取り組むべき職務である。

Ⅱ　学校という職場

1　学校司書の勤務について

・勤務日、勤務時間（休憩時間）、職務内容などの基本的な勤務条件を確認する。
・服装、頭髪などは教育の場にふさわしい清潔感、安全性、機能性などに配慮する。
・福利厚生の概要と担当窓口を確認する。

2　学校のなかでの働き方

(1) 校内組織と校内の取り決め

・管理職に職務内容、校内組織と管理職の決裁が必要なものについて説明を受ける。
・司書教諭・図書館担当教員と業務について相談する。
・資料の購入・廃棄、備品の調達・廃棄の手順、決裁の受け方について確認する。
・事務担当者や用務担当者に業務に必要な校内の取り決めを確認する。

（2）安全管理

・開館中には児童生徒の安全を守る。
・学校司書本人の安全のためにも避難経路や職員室との連絡方法を確認する。
・避難訓練や救急救命の講習会には可能なかぎり参加する。
・学校での緊急事態は、災害や火災、児童生徒の急病やケガ、不審者の侵入や近隣での事件などが考えられる。

（3）守秘義務

・職務上知りえた学校の情報、児童生徒の個人情報を外部に漏らさない。

3　その他

・学校司書の勤務時間などが教員とは異なるものであることを、管理職から校内のほかの教職員にも周知徹底してもらう。

Ⅲ　グループ討議

新規採用者のグループに研修スタッフが加わって次のようにおこなう。

・**決められた時間での挨拶と自己紹介**　新規採用職員は挨拶と自己紹介をする機会が多い。かぎられた時間を意識した挨拶と自己紹介の必要性を説明し、グループ内でタイマーなどを使って実際に「1分自己紹介」をし、たがいにアドバイスする。
・**現在の疑問や不安を話す**　はじめての職場でわからないこと、不安に感じることがあるのも当然なので、グループで共有する。話すことで単純な思い違いが見つかる場合もあり、また学校図書館支援スタッフやほかの学校司書から、実用的なアドバイスや励ましが得られることもある。

なお、研修の開催が難しい場合は、次のような方法でおこなってもよい。

勤務初日に研修を実施できない場合

・**配置校の管理職からの説明**　Ⅱ-1、2の内容を学校司書に必ず説明してもらうよう依頼する。

同時に採用された人数が少ない場合や、1か所に集まる研修の開催が難しい場合

・**先輩学校司書による図書館での1日研修**　学校司書が先に配置されている職場で学校図書館の実際を見学する。可能であれば図書館システムを使った貸出返却など一部業務の実習をする。

・**支援スタッフによる学校訪問**　新しく配置された職場に支援スタッフが訪問し、説明と助言をする。新規採用者からの質問に答える。

研修プログラム２　学校図書館とは何か

研修のめあて
学校図書館の役割についての理解
対象者
学校司書（初級）、司書教諭・図書館担当教員
講師
学校図書館支援スタッフ、指導主事、学校図書館に関する研究者
事前課題
「学校図書館ガイドライン*」を読む。

【研修プログラム】
《本日のめあてと活動の流れ》（5分）
Ⅰ　学校図書館の役割　何から取り組むか（50分／講義・質疑応答）
Ⅱ　学校図書館チェックシート記入・自校図書館と学校司書の課題を考える（15分／演習）
Ⅲ　記入したことをもとにグループ討議（25分）
Ⅳ　全体討議・質疑応答（10分）
《本日の研修ふりかえり》（5分）

学校図書館ガイドライン
「学校図書館の整備充実について（通知）」（文部科学省　2016年11月）に添付されている。

【研修の内容と解説】

Ⅰ　学校図書館の役割　何から取り組むか

1　設置義務と役割

・学校図書館は学校に置かなければならないと「学校図書館法」第3条で定められている。
・学校図書館は学校教育の充実を目的としている。
・教育課程の展開に寄与し学校教育に欠くことのできない施設として期待されている。
・授業中、授業外での児童生徒の健全な教養を育成する役割をもっている。
・児童生徒は読書活動を通じて言葉を学び、感性を磨き、想像力と表現力を高め、豊かな人生の基礎を築く。学校図書館は児童生徒の読書活動を支える。
・人類の知的財産であるあらゆる情報をだれもが平等に手に入れ、利用できることは民主主義の基本的な要素である。図書館はそれを保障する。
・資料・情報を利用し、自分で考えて結論を導き出し発信する機会を提供する。
・現実的な社会と結び、文化的・社会的な関心をもてる場として環境を整える。
・教職員の教育活動の充実のために、必要な資料を提供し支援する。

2　学校図書館の整備充実と人的な配置

・学校図書館がその役割を果たすために、学校図書館の整備充実が求められている。

・学校長が館長の役割を担う。
・司書教諭が専門的な職務をつかさどる（学校図書館法第5条）。
・運営改善、利用促進のため学校司書を置く（学校図書館法第6条）。
・学校司書には教職員との円滑な連携を作り出す能力が求められる。
・学校図書館を計画的に運営するため学校長、司書教諭、学校司書を含む学校図書館運営組織を作る。

（1）読書センターとして

・学校における読書活動の推進および読む力の育成のための拠点となる。
・学校図書館は全学年の読書指導計画に基づき、実施するための資料の整備をする。
・児童生徒が楽しんで自発的かつ自由に読書をおこなう場として整備する。

（2）学習センターとして

・学校における教育課程の展開に必要な資料を整備する。
・教科書や全学年全教科の年間計画、重点研究計画など教育課程に関する資料をそろえる。
・学校司書は教職員と学校図書館の利活用に関する情報を共有する。
・学校司書は情報活用の専門的な知識、技能を提供する。
・授業での活用を推進するためには、学校司書がティーム・ティーチング（TT）の一員として授業で児童生徒に直接かかわり、支援する。
・学校図書館は学習指導案、ワークシート、児童生徒の作品などを収集、管理、提供する。

（3）情報センターとして

・学校図書館は児童生徒に情報活用能力を身につけさせるための中心的な役割を担う。

・学校は全学年の情報活用年間計画をもち、実施のために資料、環境を整備した学校図書館を作る。

・図書資料にかぎらず、あらゆるメディアの活用の場として図書館を整備する。

・児童生徒がその発達段階に応じて、各種メディアを活用できるように整備する。

3　支援内容から見た学校図書館の役割*

（1）児童生徒や教員に対する「間接的支援」に関する職務のおもな内容

・図書館資料の構築、管理など

・施設・設備の整備、棚見出し、書架見出し、館内地図の整備など

・学校図書館の運営、年間計画、貸出管理、利用統計など

（2）児童生徒や教員に対する「直接的支援」に関する職務のおもな内容

・利用案内、図書館資料の提供

・学校図書館利用の指導・ガイダンス（オリエンテーションなど）

・レファレンスサービス

（3）教育目標を達成するための「教育指導への支援」に関する職務のおもな内容

・授業のねらいに沿った図書館資料の紹介・準備・提供

・授業をおこなう司書教諭や教員との打ち合わせ

支援内容から見た学校図書館の役割
「これからの学校図書館担当職員に求められる役割・職務及びその資質向上方策等について（報告）」学校図書館担当職員の役割及びその資質の向上に関する調査研究協力者会議　2014年3月。

・学校図書館を活用した授業への参加、指導的支援
・学校図書館の活用事例に関する教員への情報提供
・学校図書館を活用した授業の教材や児童生徒の成果物の保存・提供
・委員会活動・読書クラブなどに対する支援
・学校の行事や活動にかかわる資料の掲示・提供

4　学校図書館を運営するための学校司書の職務のあり方

・学校司書は学校図書館を活性化することが重要な職務である。
・学校司書は勤務の条件のなかで何をすべきか、何ができるか職務の優先順位を見極める。初歩的な取りこぼしがないように年間を見通した計画を作る。
・学校司書の勤務形態や経験年数、保有する資格など条件によって学校で果たす役割は異なる。学校司書の職務内容について校内で共通の認識が必要である。
・学校司書は司書教諭などの学校図書館担当教職員と協働・分担して職務にあたる。
・管理職は学校司書の役割について明確にし、全教職員の共通理解を図る。

Ⅱ　学校図書館チェックシート*記入・自校図書館と学校司書の課題を考える

・学校図書館チェックシート（40または41ページ）に記入する。
・自分の学校図書館の課題を見つける。
・優先してやるべきもの、司書教諭と相談するもの、依頼するものなどを見極める。

学校図書館チェックシート
チェックシートは2種類ある。チェックシート②はより課題がわかりやすいようにした。どちらを使ってもよい。

Ⅲ　記入したことをもとにグループ討議

・チェックシートに記入したものを発表しあう。
・学校司書としてできること、優先すべきことは何かを考える。

Ⅳ　全体討議・質疑応答

・グループで話しあったことを発表
・本日の研修について質疑応答

〈参考文献〉


『学校図書館基本資料集』野口武悟編　全国学校図書館協議会監修　全国学校図書館協議会　２０１８年。

学校図書館の運営に必要な法令、通知・通達、各基準などをまとめた資料集。

『学校司書の役割と活動　学校図書館の活性化の視点から』金沢みどり編著　学文社　２０１７年。学校図書館や学校司書に関する基本的な考え方と、実践事例の紹介。

『「学校図書館ガイドライン」活用ハンドブック　解説編』堀川照代編著　悠光堂　２０１８年。

２０１６年11月に文部科学省より発表された「学校図書館ガイドライン」の解説書。

『子どもの人権と学校図書館』渡邊重夫　青弓社　２０１８年。子どもの学習権から学校図書館が歴史的に果たしてきた役割、今の課題について論究している。

『司書と先生がつくる学校図書館』福岡淳子　玉川大学出版部　２０１５年。学校司書と教師が協働することで可能になる学校図書館の活用を具体的に紹介。

『夢を追い続けた学校司書の四十年　図書館活用教育の可能性にいどむ』五十嵐絹子　国土社　２００６年。学校司書として「待つ図書館」から「働きかける図書館」へ学校図書館での具体的な事例を紹介。

『学校図書館の出番です！』肥田美代子　ポプラ社　２０１７年。平成29年に告示された学習指導要領による主体的・対話的で深い学びに学校図書館が対応する望ましい姿を提示。

学校図書館チェックシート①

年　月　日

学校名：　　　　　　　　　学校　記入者（　　　　　　　）

図書館の整備充実	1		館内（準備室含む）は整理整頓され、落ち着いた学校図書館の雰囲気を保っている。
	2		書架は児童生徒に使いやすい高さで安全かつ活用しやすい配置になっている。
	3		図書は統一した適切な分類がなされラベルが正しく装備されている。 ※全国学校図書館協議会は小学校でNDC3次区分以上を推奨。
	4		資料はわかりやすく配架され、書架見出し、棚見出し、館内案内図が整備されている。
	5		廃棄基準、廃棄の手順が明文化され計画的な資料の評価、廃棄更新がおこなわれている。
	6		資料購入について選定の組織があり基準や手順が明文化されている。
	7		教科書、年間計画、学年だよりなど必要な資料や情報が学校司書に提供されている。
	8		利用促進のために学習中に必要な資料や行事などの展示を適切におこない、展示は定期的に変更している。
情報サービス 図書館活用 読書推進	9		学校図書館の全体計画、年間計画があり計画にしたがって運営されている。
	10		開館日、開館時間、貸出、返却や利用の約束が掲示されている。
	11		全学年全学級について年間を通して計画的に利用指導がおこなわれている。
	12		児童生徒、教職員の利用を把握し積極的に情報を提供している。
	13		読書指導が計画的、体系的に実施できるよう、資料を整備して支援している。
授業での 活用・教育 活動への支援	14		全教科で授業のねらいに沿った図書館資料の紹介・準備・提供をしている。
	15		授業に必要な資料を事前に準備し司書教諭、教員と使い方の打ち合わせをしている。
	16		参考図書の使い方など教員主導の授業のなかでティーム・ティーチングの一員として学校司書が児童生徒にかかわりながら学習を支援している。
	17		効果的と思われる学校図書館の活用事例を教員へ情報提供している。
	18		学校図書館を活用した授業における教材や参考となる児童生徒の作品の収集、保存、提供をしている。
職務の 分担推進	19		司書教諭・図書館担当教員との職務の分担を明確にし定期的な会議をおこない、連携、協働ができている。

チェックした項目から優先的に取り組む内容、司書教諭・図書館担当教員と相談すべき内容を書き出す。

学校図書館チェックシート②　　　　年　　月　　日

学校名：　　　　　　　　　　学校　記入者（　　　　　　　　　　）

	1		① 館内が整理整頓され、過度な装飾などなく落ち着いた雰囲気が保たれている。
			② 館内の整理整頓、展示物の整備などの見直しをしている。
	2		① 書架は児童生徒が使いやすい高さで、資料を探しやすく安全にレイアウトされている。
			② 書架やレイアウトに使いにくさがあり変更を検討している。
	3		① 図書は統一した適切な分類がなされラベルが正しく装備されている。 ※全国学校図書館協議会は小学校で NDC3 次区分以上を推奨。
			② 図書の分類について一部または全部の見直しが必要。
	4		① 資料はわかりやすく配架され、書架見出し、棚見出し、館内案内図が整備されている。
			② 書架見出し、棚見出し、館内案内図の整備を計画している。
	5		① 廃棄基準、廃棄の手順が明文化され計画的な資料の評価、廃棄更新がおこなわれている。
			② 破損、汚損の本を廃棄し更新している。廃棄基準・手順の整備が必要。
	6		① 資料選定の組織があり、蔵書の方針に基づき更新されている。
			② 資料購入について、基準や手順を整備する必要がある。
	7		① 必要な教科書、年間計画、学年だよりなどが学校司書に提供されている。
			② 必要に応じ学校司書が収集するようにしている。または提供されていない。
	8		① 教材や行事、推薦本を展示して利用促進を図り、展示は定期的に変更している。
			② 展示は新刊書紹介のみおこなっている。
	9		① 学校図書館の全体計画、年間計画があり計画にしたがって運営している。
			② 年間計画はあるが運用されない。または年間計画の作成が望まれる。
	10		① 全校統一した貸出、返却、図書館の約束があり掲示してある。
			② 貸出、返却の約束、図書館の使い方など全校的な整備が必要。
	11		① 全学年全学級について年間を通して計画的に利用指導をおこなっている。
			② 年度当初のみ、または要望のあったときにおこなっている。
	12		① 児童生徒、教職員の利用を把握し積極的に情報を提供している。
			② 必要な情報を把握し、求められればこたえられる準備をしている。
	13		① 読書指導が計画的体系的に実施できるよう資料を整備し支援している。
			② 授業で利用できるよう資料の収集整備を目指している。
	14		① 全教科で図書館を活用した授業が計画的におこなわれるよう整備している。
			② 授業でよく使われる資料を準備提供している。
	15		① 授業に必要な資料を事前に準備し司書教諭、教員と使い方の打ち合わせをしている。
			② 年間計画を見ながら資料を準備し教員に働きかけるようにしている。
	16		① 参考図書の使い方など教員主導の授業のなかでティーム・ティーチングの一員として学校司書が児童生徒にかかわりながら学習を支援している。
			② 参考図書の使い方など児童生徒が学べるよう資料を提供している。
	17		① 学校図書館の活用事例について教員に紹介し教材研究の支援をしている。
			② 要請に応じられるよう資料提供の準備をしている。またはとくにしていない。
	18		① 学校図書館を活用した授業の資料や児童生徒の作品は必要なものを収集、保存、提供している。
			② 提供されたものは保存している。
	19		① 司書教諭・図書館担当教員との職務の分担を明確にし定期的な会議をしている。
			② 実施しているが不定期である、またはしていない。職務の分担を明確にする必要性を感じる。

チェックした項目から優先的に取り組む内容、司書教諭・図書館担当教員と相談すべき内容を書き出す。

研修プログラム3　学校図書館に求められる資料の種類と特性

研修のめあて

・学校図書館の役割から、収集すべき資料について知る。
・自校の実情から、今後の学校図書館メディアのあり方を考える。

対象者

学校司書（初級）、司書教諭・図書館担当教員

講師

学校図書館支援スタッフ、指導主事、経験ある学校司書

事前課題

チェックシート（49ページ）で自校の学校図書館資料について把握する。
①学校図書館が現在管理している資料の種類、電子メディアの管理状況
②これから収集管理したいと考えている資料、管理に迷っている資料

【研修プログラム】

《本日のめあてと活動の流れ》（5分）
Ⅰ　これからの学校図書館の役割と収集すべき資料（40分／講義）
Ⅱ　自校のこれからの収集管理について（10分／各自記入）

Ⅲ　今後の取り組み交流（30分／グループ討議）
Ⅳ　全体でのふりかえり（10分／全体討論）
Ⅴ　講師のまとめ（10分／講義）
《本日の研修ふりかえり》（5分）

【研修の内容と解説】

Ⅰ　これからの学校図書館の役割と収集すべき資料

1　学校図書館の役割から求められるもの

・学校図書館は多様な印刷メディアと電子メディアを利用できる環境を整備し必要に応じて提供する場となる。
・児童生徒ひとりひとりに応じて、読書、識字の困難な児童生徒も利用できる資料や環境、用具を整備するよう配慮する。
・学習指導要領*には学校図書館の役割や児童生徒が身につけるべき内容が明記されている。その学習内容にこたえられるよう整備する。
・学校の教育課程の年間指導計画*や教科書は学校図書館の資料収集の参考として図書館に整備する。

〔読書センターとして〕

・児童生徒の豊かな人格形成、幅広い分野の価値が見つけられる読書のための資料
・発達段階に応じた読書指導が豊かに展開できる良質な資料

学習指導要領
ここでは平成29年文部科学省告示の小中学校学習指導要領を参考にした。文部科学省ホームページで全文を読むことができる。

教育課程の年間指導計画
各学校で作成されている年間計画。学習の内容や行事予定がまとめられている。

・児童生徒の読書力に応じて興味、関心を広げられる幅広い価値の資料

〔学習センターとして〕

・教育課程の展開に応じ全教科・領域で活用できる資料
・教科書から発展、広がり、深まりをもつ幅広い資料
・教職員の教材研究のレファレンスにも対応できるグレードの資料
・地域資料、校外学習資料などの図書以外の学校独自の資料（パンフレット、リーフレット、カタログ）
・児童生徒の学習の成果の作品、学習で使うワークシートなどの資料

〔情報センターとして〕

・児童生徒の情報活用能力育成に必要な資料、機器などの環境の整備
・教職員に必要な資料、環境の整備

2　学校図書館が収集すべき資料の種類、特徴（蔵書構築は研修プログラム4参照）

（1）印刷資料

①図書全般

・学校の重点目標や地域、子どもの環境、読書力などにより学校独自の蔵書構築の方針をもつ。
・学校図書館図書標準*を参考に児童生徒の学習に使える十分な蔵書数を整備する。

②参考図書（レファレンスブック）

・各種辞書、事典、図鑑、百科事典、年鑑、統計、年表などを整備する。

学校図書館図書標準
公立義務教育諸学校の学校図書館に整備すべき蔵書の標準として、平成5年3月に文部科学省が定めた。全国学校図書館協議会は、独自の学校図書館メディア基準を設けている。

・資料の比較ができるよう複数種類を整備する。
・児童生徒が利用できるそれぞれの発達段階に応じたものを整備する。
・教職員のレファレンスに対応できるものを整備する。

③絵本
・絵本として別置されることが一般的である。
・上級向け、知識絵本、写真絵本など主題で整理されるべき性格の資料がある。
・中学の家庭科でも絵本が使用される。乳幼児の絵本も必要な資料である。

④継続資料（逐次刊行物）*
・新聞の活用は複数学年の学習内容に含まれている。
・新聞をとっていない家庭も多く、児童生徒への資料提供として必要である。
・国は図書館での新聞の複数配備*を推進している。
・雑誌は内容に方向性があり目的により情報を得やすい。
・児童生徒が雑誌を読まない傾向にあり、効果的な活用を身につけさせたい。
・年鑑、統計資料、年表、年報、白書などはデータの経年比較が可能な資料が必要である。
・これらの資料は基準を設け発行年によって抜けのないよう収集管理する。

⑤掛図、地図、紙芝居、写真など特定の情報を得るために有効な資料

（2）博物資料
・実物、模型、標本、写真、地球儀など本と関連づけて紹介できるものを収集、整理する。

継続資料（逐次刊行物）
『日本目録規則』（参考文献68ページ）では逐次刊行物と更新資料を合わせ継続資料としている。

新聞の複数配備
文部科学省「学校図書館整備等5か年計画」（平成29年度～）では、学校図書館への新聞配備を予算化している。

・博物資料はテーマ展示にも活用できる。

（3）自校独自資料（印刷資料群でもある）

①学校の歴史、地域資料

・学習の計画に合わせ必要な資料を収集し提供する。
・周年行事記念誌*や作品集など、学校で作られた学校の沿革などの資料を収集する。
・地域資料として自治体のパンフレット、リーフレット、郷土博物館資料なども有効である。

②校外学習（社会科見学、移動教室、修学旅行）などの資料は更新しながら蓄積

③学校図書館を使った学習指導案やワークシート、資料リスト、児童生徒の作品

・調べ学習のまとめの作品や、本の帯、紹介カードなどの作品は、学習内容と到達点が具体的に理解でき、資料として有効である。
・次に取り組む授業の参考資料、児童生徒の学習参考資料として役立つ。

④読書記録カード、おすすめ図書リスト、情報カード

（4）視聴覚資料（CD・DVDは形態としては電子メディアの資料群でもある）

・オーディオ資料（録音テープ、CDなど）、録画資料（ビデオテープ、DVD）を図書館の資料として、登録、分類、整備することが望まれる。

（5）電子メディア

①パッケージ型電子メディア

・授業での利用が多くなることを見通し、学校図書館資料として収集し計画を立てて分類、整備することが重要である。

周年行事記念誌
記念誌は学校の沿革や地域の歴史などを学習教材として作成しており、資料として有効である。

②インターネット系電子メディア

・学校図書館として信頼できるウェブサイトを知っておき、情報提供する。

（6）合理的配慮*にともなう資料収集（研修プログラム14参照）

・点字資料、手で読む絵本（さわる絵本）、録音資料（音声ＤＡＩＳＹ）、音の出る絵本、拡大文字資料、布の絵本、ＬＬブック、マルチメディアＤＡＩＳＹ（電子書籍）

・日本語を母語としない児童生徒のための母国語の絵本

合理的配慮
「障害を理由とする差別の解消の推進に関する法律」（2013年6月制定、2016年4月施行）において、公共機関でだれでも平等に権利が尊重されるような合理的配慮が定められた。

Ⅱ　自校のこれからの収集管理について

・講義を参考に自校の現状と今後取り組むべきことを書き出す。

・今後取り組むことに優先順位をつける。

・取り組みの方法について考える。

Ⅲ　今後の取り組み交流

・今後の取り組みについて各自発表し、質問や意見交換をする。

Ⅳ　全体でのふりかえり

・グループ討議で出た全体で共有したいことを発表する。

・本日全体を通しての質疑応答

Ⅴ　講師のまとめ

・グループ討議やふりかえりを聞いて講義についての補足をする。

〈参考文献〉

『司書教諭・学校司書のための学校図書館必携　理論と実践　改訂版』全国学校図書館協議会監修　悠光堂　２０１７年。「第６章　学校図書館メディア」134～146ページ。学校図書館メディアの種類と特性について今後あるべき収集の方向性も含め詳しく解説。

『「学校図書館ガイドライン」活用ハンドブック　解説編』堀川照代編著　悠光堂　２０１８年。「5・1 図書館資料の種類と特性」70～72ページ。図書館資料についての実践的な分析とともに、学校図書館での資料収集提供の取り組みの段階を３つのステップで示している。

『学校図書館メディアの構成』（シリーズ学校図書館学２）「シリーズ学校図書館学」編集委員会編　全国学校図書館協議会　２０１０年。「第Ⅱ章　学校図書館メディアの種類と特性」27～40ページ。司書教諭養成テキストのシリーズとして編集された。各メディアの特性の理解とともにそれぞれのメディアの学習への活用にも言及している。

学校図書館に求められる資料の種類と特性　事前課題のチェックシート

1．学校図書館が現在管理している資料の種類、電子メディアの管理状況

資料種類	図書館で管理（登録） 管理している→○ 部分的に管理→△	ほかの部署で管理	管理されていない わからない
図書全般			
国語辞典			
新聞			
雑誌			
新聞の切り抜き			
校外学習資料 （社会科見学・移動教室・修学旅行など）			
周年行事記念誌			
学校の創立歴史の資料			
郷土資料			
図書館を使った 授業の資料			
現在使用の教科書			
紙芝居			
パッケージ型の 電子メディア			
インターネット	図書館で児童生徒が 使える	別の場所で使う	使えない わからない

2．これから収集管理したいと考えている資料、管理に迷っている資料

研修プログラム４　学校図書館資料の構築

多様な種類の資料群からなる学校図書館資料は、学校図書館の土台を形成するものである。それらは、選択・収集・組織化（分類）・配架・廃棄・更新をくり返すことによって常に利用価値のある資料群となり、児童生徒の学びを広げ、学校教育を支えるものとなる。このサイクルからなる学校図書館資料の構築は、図書館の管理運営の基礎を築くものとして、管理職をはじめ司書教諭・図書主任などが主体となって組織的・計画的におこなっていかなければならないが、実務として深くかかわる学校司書もまた専門的知識・技能を生かして担う責任は大きい。

学校司書がもつ専門的知識・技能は、職務経験によって磨かれていくものではあるが、とくに資料の構築に関しては、ひとりの考えに偏ってしまわないように、継続的な研修によって、基本に立ち返ることが必要である。ここでは、多様な学校図書館資料のなかでもとくに中核をなす図書について①選択・収集、②分類・配架、③廃棄・更新という蔵書構築のプロセスより、３つの研修例を紹介する。これらの研修は、各学校図書館の現状・課題によりどの研修から始めてもよい。

研修プログラム４-１　図書の選択と収集

研修のめあて

- 図書の選定に関する基本的な考えと収集までの流れを学ぶ。

・蔵書に関する統計から、自校の図書館資料の傾向を知る。
・さまざまな教科で学習に役立つ蔵書構成を考える。

対象者
学校司書（初級）

講師
学校図書館支援スタッフ、学校図書館資料の選定に詳しい教員

事前課題
自校の蔵書数（総数と各分類の蔵書数）*、蔵書率*、蔵書の配分比率*を算出し、事前に配付したワークシート①（58ページ）に記入して持参する。

事前準備
事前課題や講義のために必要であれば、次の資料を準備する（配付もしくは提示）。
・文部科学省による学校図書館図書標準*
・全国学校図書館協議会による学校図書館メディア基準*

【研修プログラム】
《本日のめあてと活動の流れ》（2分）
Ⅰ　信頼される学校図書館資料を構築するには（45分／講義）
Ⅱ　蔵書統計から見る自校の図書資料の傾向（15分／講義とワークショップ）
Ⅲ　さまざまな教科で使われる図書資料を収集するために（35分／講義とワークショップ）

蔵書数（総数と各分類の蔵書数）
蔵書の総数と各分類の蔵書数を把握しておくことは自校の現状を知るうえで重要である。正確な蔵書数がわからない学校図書館の場合、蔵書点検をおこなうか分類ごとに冊数を数えるとよい。

蔵書率
「学校図書館図書標準」により自校の蔵書率を算出することができる。整備目標のめやすとなる。

蔵書の配分比率
各分類の配分比率を計算することで、自校の蔵書の傾向を知ることができる。
配分比率の計算　各分類の冊数÷蔵書の総数×100＝各分類の比率（%）

学校図書館図書標準
平成5年3月に文部科学省

Ⅳ　質疑応答と講師によるまとめ（10分）
《本日の研修ふりかえり》（3分）

【研修の内容と解説】

Ⅰ　信頼される学校図書館資料を構築するには

1　計画的な収集と学校司書の役割

・学校は、学校図書館資料の収集方針を立て、それに沿った図書選定基準を成文化することが望ましい。
・選書は個人の考えに偏らないよう、学校教育目標に沿った収集方針のもと、選定委員会により組織的におこなわれるのが望ましい。
・学校独自の選定基準がない場合は、全国学校図書館協議会図書選定基準*などを参考に選書をおこなうとよい。
・選書・収集は新しく利用価値のある資料群を目指すうえで、少なくとも1学期に1回程度はおこないたい。
・学校司書はさまざまな教科で使える資料をそろえることを念頭に置き、書架整理やレファレンスなど日常業務のなかで気づいた蔵書構成に関する現状や課題を、図書館担当教員に報告する。
・選書をスムーズにおこなうために、学校司書は、日常業務のほかさまざまなツールから得た情報をもとに「購入候補図書リスト」を作成し、選定のための資料として

が定めた公立義務教育諸学校の学校図書館に整備すべき蔵書の標準冊数。

学校図書館メディア基準
全国学校図書館協議会が2000年に各種の学校図書館資料における最低の基準を定めたもの。同協議会のホームページに掲載されている。

全国学校図書館協議会図書選定基準
学校図書館において必要かつ適切な蔵書を選定するための基準として、全国学校図書館協議会が1980年に定め、2008年に改定したもの。

提示するとよい。

2　選書の方法とツール

選書の方法*としては、実際に図書を見るのが最もよいが、役に立つさまざまなツールを利用するのもよい。

（1）実際に図書を見る方法

・書店にいく。
・ブックフェア（図書展示会）にいく。
・見計らい*をおこなう。

（2）選書のツールとなる書誌情報

・学校図書館や児童書について研究している機関から一定の評価を得た図書目録
・児童生徒向けに選定された図書の書評が記載されている雑誌。月刊誌が多く、新刊書の情報も得やすい。
・児童生徒におすすめの図書を紹介した書籍
・公共図書館から発行されたブックリスト
・出版社や公共図書館のホームページ

3　教職員・児童生徒のリクエスト

・教職員には前述の選書方法を順次案内し、購入希望があればリストを出してもらう。
・児童生徒の購入希望をとる機会もあるとよい。

選書の方法
選書の方法とツールについてとくに詳しく載っている資料は、参考文献（57ページ）で紹介した。また、研修プログラム7も参照のこと。

見計らい
新刊図書など購入候補の図書を、書店が見本として学校にもってくること。その期間中は校内で全教員がいつでも自由に資料を見ることができる。選定会議においては、資料を見ながら購入の検討をすることができる。

4　図書予算*について

・学校司書は計画的な予算執行を意識し、かぎられた予算内で優先して購入するものは何か、司書教諭・図書館担当教員と相談のうえ重点計画を立てる。

5　発注と受入業務

・発注の際は、書名・出版社などのほか、装備についても業者に明確な指示を出す。
・受け入れた図書の検収をおこなう。納品された図書が注文どおりであるかを確認し、落丁乱丁がないかもチェックする。
・次におこなう分類作業のために、内容を把握し件名（主題）を考えるよい機会である。

6　登録作業・目録

・図書登録の際注意したいのは、現物とデータや目録へ記載する事項の不一致である。とくに所在記号や設置場所などのローカル項目は検索のためにも重要なツールであるから、基本台帳への記載やコンピュータへの入力の際、現物と齟齬のないように気をつける。

7　その他の収集方法

・購入以外にも公共図書館からの団体貸出、学校間の相互貸借などのシステムを利用して、十分な資料提供をおこなうようにする。

図書予算
学校図書館メディア基準（52ページ参照）に、児童生徒数から割り出した年間購入冊数の最低冊数と年間購入費を算出する計算式が記載されている。

8　図書以外のさまざまな資料の収集

・図書以外のさまざまな資料についても、各々の特徴を理解し、選択・収集する。図書館資料の種類については、研修プログラム3を参照のこと。

Ⅱ　蔵書統計から見る自校の図書資料の傾向

1　蔵書統計を確認する

・学校図書館の3つの機能「読書センター」「学習センター」「情報センター」を考慮したバランスのよい蔵書構成のために、まず自校の蔵書数・蔵書率・蔵書配分比率・貸出数など、各種の統計を把握しておかなければならない。

・全国学校図書館協議会による学校図書館メディア基準の標準配分比率*を参考に自校の図書資料についての傾向を知り、次の選書に生かすための課題を見つける。

2　自校の蔵書統計（事前課題）から気づいたことを書く

〔考えるポイント〕

・蔵書数は児童生徒の人数に対して十分であるか。

・標準配分比率と比較して、過不足はどの分野で見られるか。

・各学校の教育目標や重点課題に配慮した特色は見られるか。

・今後の選書に生かすための課題は何か。

標準配分比率

学校図書館メディア基準（52ページ参照）に各分類の標準配分比率が掲載されている。蔵書構成のバランスを考えるめやすになる。ワークシート①（58ページ）にも掲載。

Ⅲ　さまざまな教科で使われる図書資料を収集するために

1　学校図書館活用年間計画とさまざまな教科・単元で必要な資料

・年間を通してさまざまな教科・単元で図書館資料が活用できることを理解する。
・いつごろどの教科・単元でどのような授業がおこなわれるかを知ることは、授業で役立つ図書を選択・収集する参考になる。
・教員の教材研究の観点からも各学年の教科・単元を知り、連携を図り、関連図書を備えておくことは学校司書の務めである。

2　授業で使われる図書を収集する工夫

・ワークシート②（59ページ）学校図書館活用年間計画例（ほかの例でもよい）を見て、準備できる図書の分野とその時期を予測し、キーワードをワークシート③（59ページ）に書き出す。
・書き出したキーワードを選書に役立てるとよい。
・学校図書館の基本図書としてあらゆる分野の図書に目を向けバランスのよい蔵書構成を図る力をつける。

Ⅳ　質疑応答と講師によるまとめ

・初級では、書き出したキーワードを活用して幅広く選書をおこなうとよい。

・中級では、さらに授業のねらいに沿った図書を取捨選択し、収集・提供できるようになるとよい。

〈参考文献〉

『学校図書館メディアの選びかた』（はじめよう学校図書館２）高橋知尚　全国学校図書館協議会　２０１２年。資料の収集方針や選定基準について書かれているほか、資料選択の方法とツールについては中等教育学校の例をあげ、具体的にわかりやすく記載されている。

『学校図書館メディアの構成』（司書教諭テキストシリーズⅡ２）小田光宏編　樹村房　２０１６年。47～56ページ。図書を選択するための情報源が多く記載され参考になる。

『学校司書・司書教諭・図書館担当者のための学校図書館スタートガイド　サンカクくんと問題解決！』学校図書館スタートガイド編集委員会編著　少年写真新聞社　２０１５年。30～34ページ。初級の学校司書にもわかりやすく選書のポイントが書かれている。選書ツールについての情報も多い。

『学校図書館メディアの構成とその組織化　改訂版』（学校図書館図解・演習シリーズ２）志村尚夫編著　青弓社　２００９年。31～44ページ。資料の収集方針を成文化するための要点が書かれており参考になる。

『資料・情報を整備しよう　学校図書館メディアの選択と組織化』（シリーズいま、学校図書館のやるべきこと２）笠原良郎・紺野順子　ポプラ社　２００５年。35～48ページ。学校図書館資料をだれがどう選ぶか基本的な考え方が述べられている。

図書の選択と収集　ワークシート①
自校の蔵書統計

自校の蔵書数と蔵書率（　　　年　　月　　日）

学級数	組
蔵書の総数	冊
蔵書率	%

＊蔵書率は学校図書館図書標準（文部科学省）を参考に計算する。

自校の蔵書数と配分比率（　　　年　　月　　日）

分類	0 総記	1 哲学	2 歴史	3 社会科学	4 自然科学	5 技術	6 産業	7 芸術	8 言語	9 文学	合計
各分類の蔵書数											冊
各分類の配分比率											100%

全国学校図書館協議会による標準配分比率

小学校	6	2	18	9	15	6	5	9	4	26	100%
中学校	6	3	17	10	15	6	5	8	5	25	100%
高等学校	6	9	15	11	16	6	5	7	6	19	100%
中等教育学校	6	9	15	11	16	6	5	7	6	19	100%

＊配分比率の計算方法：各分類の冊数÷蔵書の総数× 100 ＝各分類の比率（%）

図書の選択と収集　ワークシート②
学校図書館活用年間計画（例）

5年生（1学期）

	4月	5月	6月	7月
国語	新聞を読もう	古典の世界		
社会	私たちの国土		私たちの生活と食料生産	
算数	整数と小数		帯グラフ・円グラフ	
理科	天気と情報		生命のつながり メダカの誕生	生命のつながり 人の誕生
音楽		いろいろな音の響きを味わおう（楽器の演奏）		
図工	名画の鑑賞		粘土で作る	
家庭科	食べて元気に （なぜ食べるのか考えよう）		はじめようクッキング	
保健		病気の予防		
道徳	友情・信頼		国際理解 （いろいろな国の言葉や文化）	

図書の選択と収集　ワークシート③
授業に役立つ図書選定のためのキーワード

年生　　　　　　　　　　　　年　月　日

月 教科	単元名	関連するキーワード
4月 国語	新聞を読もう	新聞、紙面のつくり、新聞編集、新聞記事、新聞社、新聞記者、報道、ニュース、NIE

研修プログラム４-２　図書の分類と配架

研修のめあて

・日本十進分類法*（以下ＮＤＣという）による分類の意義と分類決定のプロセスを学ぶ。
・所在記号*（請求記号）とラベル表示について学ぶ。
・配架（排架）の基本的なルールと別置について学ぶ。

対象者

学校司書（初級、中級）

講師

学校図書館支援スタッフ、公共図書館司書（分類に詳しい担当者）

事前課題

・ワークシート①②（69～72ページ）を事前に配布する。学校司書は、書誌情報から分類・図書記号などを考え、決定した理由とともに記入し持参する。
・分類に迷う図書資料があれば、その図書を持参する。持参できない場合は、ワークシート②（70または72ページ）に書誌情報を記入してくる。

事前準備

『日本十進分類法　新訂10版』をグループに1冊ずつ準備する（可能であればひとり1冊ずつ準備する）。

日本十進分類法
（NDC：Nippon Decimal Classification）日本のほとんどの図書館で採用されている図書分類法。2014年に『日本十進分類法新訂10版』が刊行され、新主題の追加など多くの改善がなされた（参考文献67ページ）。

所在記号（請求記号）
資料の配架場所（資料がどこにあるか）を示す記号。分類記号、図書記号、必要であれば巻冊記号で構成される。請求記号ともいう。

【研修プログラム】

《本日のめあてと活動の流れ》（2分）

Ⅰ　学校図書館資料の組織化（40分／講義）

Ⅱ　事前課題「分類を決定するプロセス」の解説（25分／講義）

Ⅲ　分類に迷う本についてグループで話しあう（30分／グループワーク）

Ⅳ　質疑応答と講師によるまとめ（10分）

《本日の研修ふりかえり》（3分）

【研修の内容と解説】

Ⅰ　学校図書館資料の組織化

1　分類を学ぶ意義と必要性

・今日では、業者によって用意されたＭＡＲＣ*を利用する機会が増え、図書の分類を独自に付与する作業は少なくなっている。しかし分類番号はその本の所在位置を示すものであり、自館の配架場所としてふさわしいか、利用者が探しやすいかなどを考慮したうえで、最終的な判断は学校ごとにおこなわなければならない。

・児童生徒の情報活用能力を育むために、分類番号の説明は欠かせないものである。したがって、分類のしくみや各類の特徴など基本的な概念は、学校司書自身が正確に理解しておかなければならない。

ＭＡＲＣ
(Machine Readable Cataloging) 機械可読目録。目録に記載される書誌情報やそれに付随して記載される標目、所在記号などをコンピュータで処理できるような媒体に記録したもの。

2　学校図書館資料をNDCにより分類する意義

・日本のほとんどの図書館は、書かれている内容（主題）によって図書を分類する日本十進分類法（NDC）を使用している。児童生徒がこの分類法に慣れ、どこの図書館でも本を探せるようになるために、学校図書館でもNDCによる分類を使用するのがよい。

・学校図書館では第3次区分（3桁）を原則として分類すると、図書が探しやすくなる。また、学習との関連でさらに細分化したほうが探しやすくなる分野もある。

・分類番号は図書記号*・巻冊記号*とともに図書ラベルに表示し、本の背の下方に張る。これを所在記号（請求記号）といい、本の配架場所を表している。

3　配架について

・図書は、分類番号順に左から右へ、上から下へ一段ずつ並べていくのが配架の基本である。

・同じ分類番号の図書は、図書記号の昇順（著者記号ならば五十音順）に並べる。

・一段に置くのは書架の8割程度までとし、余裕をもって配架する。利用者が本を取り出しやすく返しやすいという利点があるほか、資料の増減にともなう書架移動を減らすことができる。

・図書館内では左から0類、1類、2類……と並べていくのが基本であるが、書架の配置状況や、各学校の事情により変則的になる場合は、サインや案内図を用いて利用者にわかりやすく表示する。

図書記号
同一分類記号のなかでほかの資料と区別するためにあたえられる記号。著者名の頭文字をとる著者記号を採用することが多い。図書ラベルの2段目に表示することが多い。

巻冊記号
2冊以上のセットものを区別するための補助記号。資料の巻次（数字または語）を図書ラベルの3段目に表示することが多い。

4　別置と別置記号*について

・多様な資料の性質や形態、または利用者の利便性を考慮して、別置したほうがよい資料がある。次のように分類すると利用しやすい。

（1）別置記号を冠してNDC記号順に配架し、別置する方法

・参考図書*コーナーにまとめられていると利用しやすい事典・辞書・年鑑・白書などは、NDC分類をしたうえで、別置記号R（Reference の略）を冠して、配架する方法がある。

・同様に、大型本・文庫本・DVD・CDなどもNDC分類のうえにそれぞれの別置記号を冠すると別置記号のもとで集まった資料が、そのなかで主題別に分類され、利用しやすくなる。

（2）別置記号のもとに一括する方法

・絵本・紙芝居・コミック・学習参考書などは、NDC分類をせず、それぞれの別置記号のもとで一群にまとめる。ラベルの色などで区別するとわかりやすい。

・絵本の分類については、多くはE（Easy または絵本の頭文字）の別置記号をつけたあと、書名順、文章の作者順、絵の作者順などに分類する方法が考えられる。いずれもメリット・デメリットがあり現状はさまざまであるが、低学年のときからラベルを見て本を探す・返すという習慣を身につけさせるためには、絵本についてもラベル表示を明確にすることが大切である。

（3）別置記号を付与せずに、別置する方法

・教員用の研究資料を職員室に別置するなど、利用者の便宜を図った別置方法があ

別置記号
特定の資料群を別の場所に配架するとき、別置資料であることを示すためにあたえる符号。『日本十進分類法 新訂10版』の「2相関索引・使用法編」（289～291ページ）には別置記号の代表的な参考例が示されている（参考文献67ページ）。

参考図書
特定の項目を容易に調べられるようにした図書で、百科事典・辞書・年鑑・白書・図鑑・年表・地図などを指す。研修プログラム3、研修プログラム13参照。

る。この場合は目録カードやデータの管理画面で、設置場所を明記する必要がある。

（4）一時的に別置する場合

・新着図書やテーマ展示のため一定期間紹介する場合や、調べ学習などで特定の学年が活用できるようにブックトラックなどに別置する場合がある。いずれの場合も、利用などが終了した時点で、速やかに書架に戻すことが利用者のためである。

（5）件名*によって分類するとよい資料

・多様な種類のファイル資料の分類は、直接検索できる件名（主題）によって整理するのが便利である。件名を付与するための資料として、児童生徒にもわかりやすい言葉を採用している『小学校ファイル件名標目表*』『中学・高校ファイル件名標目表*』が参考になる。

・各学校の特色や時代の変化により、件名が追加される場合があるが、その際も『基本件名標目表*』、『小学校件名標目表*』、『中学・高校件名標目表*』などを参考に慎重に言葉を選ぶとよい。

Ⅱ　事前課題「分類を決定するプロセス」の解説

1　分類決定までのプロセス

・MARCの普及により分類番号を学校司書が付与する作業はほとんどないが、決定までのプロセスを知ることは大切である。

・図書資料の内容を把握し、主題をつかむ。方法としては、①内容を読む、②書

件名
その図書が扱っている主題を簡潔で的確に表した言葉。件名は、キーワードのような自由に思いついた言葉ではなく、統制された言葉で表されている。

『小学校ファイル件名標目表』
参考文献67ページ。

『中学・高校ファイル件名標目表』
参考文献67ページ。

『基本件名標目表』
参考文献67ページ。

『小学校件名標目表』
参考文献67ページ。

『中学・高校件名標目表』
参考文献67ページ。

名・副書名を見る、③著者の専門分野や略歴を知る、④目次を見る、⑤序文・あとがきなどを読む。
・主題によりＮＤＣから分類番号をあたえる。本表だけでなく、各類概説・相関索引・使用法などを活用するとよい。
・図書記号を付与する。
・巻冊記号を付与する。
・別置する必要があれば別置記号を冠する。
・シリーズとして扱う場合は、ほかの巻と分類が一致しているか確認する。
・自館での配架場所を実際に確認し、最終的な決定をする。
・複数の主題からなる図書資料は、分類番号に表せなかった内容からも検索できるように件名を付与し、目録やデータを整備する。

2　ワークシートを見ながら、1冊ずつ解説する

受講者は、ワークシートに記載された分類番号をＮＤＣで確認しながら解説を聞く。

〔**解説のポイント**〕
・同じ図書でも、付与する人によって分類番号が違う場合がある。
・「をみよ」参照「をもみよ」参照*も参考にし、利用者にわかりやすい分類をする。
・別置に関しては、対象資料群、別置記号、ラベル表示など、別置の方針を学校図書館として決めておくことが必要である。
・図書記号を著者記号とする場合は、『日本目録規則』*の「単一記入制目録のための

「をみよ」参照「をもみよ」参照
『日本十進分類法 新訂10版』「2相関索引・使用法編」306ページ参照（参考文献67ページ）。

『日本目録規則』
（NCR：Nippon Cataloging Rules）（参考文献68ページ）。

標目選定表」*を参考に付与するとよい。
・巻冊記号の付与についても基本的知識を確認する。
・『日本十進分類法　新訂10版』から新たな分類となった項目について、説明があるとよい。

Ⅲ　分類に迷う本についてグループで話しあう

・各自持参した図書や記入してきた書誌情報について、どこを迷っているか、ほかの学校図書館ではどのように分類しているかなど情報交換をおこなう。
・ほかの学校司書の意見を参考に、『日本十進分類法　新訂10版』により分類を仮決定し、所在記号を記入する。

Ⅳ　質疑応答と講師によるまとめ

・講師はグループワークで出された疑問などを全体で共有できるよう講評する。

〈参考文献〉

『学校図書館をデザインする　メディアの分類と配置』（はじめよう学校図書館4）大平睦美　全国学校図書館協議会　2012年。受入から配架までの流れがわかりやすい。技術としてではなく、活用さ

単一記入制目録のための標目選定表
『日本目録規則　1987年版改訂3版』参照。共著などで著者記号の決定に迷うときのよりどころとなる。この規則に則り、各学校で細則を定めるとよい（参考文献68ページ）。

れる学校図書館のための分類の決め方というのは参考になる。

『**日本十進分類法　新訂10版**』もりきよし原編　日本図書館協会　２０１４年。本表だけでなく、各類概説で各々の特徴をとらえておくと実務で役立つ。「２相関索引・使用法編」295～306ページには、用語解説があり、専門用語の理解を得られる。

『**学校図書館のための図書の分類法**』（学校図書館入門シリーズ８）芦谷清　全国学校図書館協議会　２００４年。分類の意義や構成についての知識がある学校司書や司書教諭に向けて書かれている。具体例も多く、実際の業務で役立つ本。

『**資料・情報を整備しよう　学校図書館メディアの選択と組織化**』（シリーズいま、学校図書館のやるべきこと２）笠原良郎・紺野順子　ポプラ社　２００５年。49～100ページには分類や配架について詳しく書かれており、実務で役立つ。

『**基本件名標目表　第４版**』日本図書館協会件名標目委員会編　日本図書館協会　１９９９年。主題で検索するときに用いる統制された言葉（件名）を、音順または分類記号順など体系的に配列したもの。

『**小学校件名標目表　第２版**』全国学校図書館協議会件名標目表委員会編　全国学校図書館協議会　２００４年。小学生の生活に合わせた適切でわかりやすい言葉を選んでまとめられた件名標目表。「音順」と「分類順」で構成されている。

『**中学・高校件名標目表　第３版**』全国学校図書館協議会件名標目表委員会編　全国学校図書館協議会　１９９９年。中学・高校生の生活に合わせた適切でわかりやすい言葉を選んでまとめられた件名標目表。「音順」と「分類順」で構成されている。

『**小学校ファイル件名標目表**』全国学校図書館協議会ファイル件名標目表委員会編　全国学校図書館協議会　１９８２年。小学校図書館でファイル資料を分類・整理するとき役立つ。児童にもわかりやすい統制された言葉で表されている。

『**中学・高校ファイル件名標目表**』全国学校図書館協議会ファイル件名標目表委員会編　全国学校図書館協議会　１９８６年。中学、高校の学校図書館でファイル資料を分類・整理するとき役立つ。生徒にもわかりやすい統制された言葉で表されている。

『日本目録規則　1987年版改訂3版』日本図書館協会目録委員会編　日本図書館協会　2006年。
図書やそれ以外の資料の書誌情報を作成するための基準となる規則。2018年版が刊行されたことにより、今後は、それを適用した新たな書誌データの普及があると考えられる。

『日本目録規則　2018年版』日本図書館協会目録委員会編　日本図書館協会　2018年。国際標準等に準拠した最新版。PDF版が日本図書館協会ホームページで公開されている。

『学校図書館基本資料集』野口武悟編　全国学校図書館協議会監修　全国学校図書館協議会　2018年。
学校図書館の運営に必要な法令、通知・通達、各基準などをまとめた資料集。160～195ページには、多様な資料の整理に役立つ分類法や目録記入の例があり、参考になる。

図書の分類と配架（小学校）ワークシート①
自校での分類を決定しよう

（　　　　　　　　　　小学校）

No.	書誌情報	A さんの分類	B さんの分類	公共図書館	自校での分類	分類決定の理由
1	書名／ギリシア神話 編・訳／石井桃子 出版社／のら書店	164 い	388 ぎ	991 ギ	164 ぎ	例：この本はギリシャ神話のなかでも物語として優れた訳本であり９類でもよいが、自校では神話として集めたほうが利用者にわかりやすいと判断し、164 とした。
2	書名／エジソン （おもしろくてやくにたつ子どもの伝記 10） 文／桜井信夫 出版社／ポプラ社	402.8 え	280 お 10	289 エ		
3	書名／日本のすがた　2019 （日本をもっと知るための社会科資料集） 編集／矢野恒太記念会 出版社／矢野恒太記念会	351 に	R351 に 2019	350 ヤ		
4	書名／はじめての手話 （あそんでおぼえる手話１） 編・著／こどもくらぶ 出版社／岩崎書店	378.28 あ 1	369 は	801.92 コ 1		

図書の分類と配架（小学校）ワークシート②
自校での分類を決定しよう

（　　　　　　　　小学校）

5	書誌情報	Aさんの分類	Bさんの分類	公共図書館	自校での分類	分類決定の理由
	書名／福祉でがんばる！盲導犬・聴導犬・介助犬（新・はたらく犬とかかわる人たち1） 編／こどもくらぶ 出版社／あすなろ書房	645.6 し 1	369.27 ふ	369 シ		
6	書誌情報	Aさんの分類	Bさんの分類	公共図書館	自校での分類	分類決定の理由
	書名／とりになったきょうりゅうのはなし改訂版（かがくのとも絵本） さく／大島英太郎 出版社／福音館書店	E と	E 457 お	EG		

＊分類に迷う本について記入する（話しあいで出た意見を参考に、最終的に判断した分類を記入する）

	書誌情報	決定した分類	決定した理由・話しあいで出た意見など
	書名 著者名 出版社		

図書の分類と配架（中学校）ワークシート①
自校での分類を決定しよう

（　　　　　　　　　　中学校）

1	書誌情報	A さんの分類	B さんの分類	公共図書館	自校での分類	分類決定の理由
	書名 / 日本人の伝統的な食文化　和食（世界遺産になった食文化8） 編 / こどもくらぶ 監修／服部津貴子 出版社 / WAVE 出版	383.8 せ 8	709 せ 8	596 ニ	383.8 せ 8	例：無形文化遺産として集約する方法や、レシピつきであることから日本料理としての分類も考えられるが、自校では伝統的食文化のシリーズとして分類した。
2	書誌情報	A さんの分類	B さんの分類	公共図書館	自校での分類	分類決定の理由
	書名 / ベートーヴェン（音楽家の伝記　はじめに読む 1 冊） 著 / ひのまどか 出版社 / ヤマハミュージックエンタテインメントホールディングス出版部	762.34 べ	280 お	762 べ		
3	書誌情報	A さんの分類	B さんの分類	公共図書館	自校での分類	分類決定の理由
	書名 / 日本国勢図会　2018 ／ 19（日本がわかるデータブック） 編集 / 矢野恒太記念会 出版社 / 矢野恒太記念会	351 に	R351 に 2018	350 ヤ		
4	書誌情報	A さんの分類	B さんの分類	公共図書館	自校での分類	分類決定の理由
	書名 /10 代からのプログラミング教室（14 歳の世渡り術） 著 / 矢沢久雄 出版社 / 河出書房新社	007.64 や	548 や	007 ヤ		

図書の分類と配架（中学校）ワークシート②
自校での分類を決定しよう

（　　　　　　　　　　中学校）

5	書誌情報	A さんの分類	B さんの分類	公共図書館	自校での分類	分類決定の理由
	書名／新レインボーことわざ辞典 出版社／学研プラス	813 し	R813.4 し	388 シ		

6	書誌情報	A さんの分類	B さんの分類	公共図書館	自校での分類	分類決定の理由
	書名／アンネのバラ　40年間つないできた平和のバトン（世の中への扉） 文・写真／國森康弘 出版社／講談社	E く	E 289 ふ	283 フ		

＊分類に迷う本について記入する（話しあいで出た意見を参考に、最終的に判断した分類を記入する）

	書誌情報	決定した分類	決定した理由・話しあいで出た意見など
	書名 著者名 出版社		

研修プログラム4-3　図書の廃棄と更新

研修のめあて

- 学校図書館資料を更新する意義と必要性を学ぶ。
- 自校の蔵書の現状を把握し、更新に関する課題を見つける。
- 廃棄・更新を判断する基準を学び、更新までの実務を知る。

対象者

学校司書（初級、中級）、司書教諭

講師

学校図書館支援スタッフ、公共図書館司書

事前課題

- ワークシート①（80ページ）に、自校の現状を見ながら記入し持参する。
- 廃棄するかどうか迷っている本（なければ最近除籍した本、またはその書誌情報）を1冊持参する。

【研修プログラム】

《本日のめあてと活動の流れ》（2分）

Ⅰ　廃棄・更新の意義と必要性（10分／講義）

Ⅱ　チェック表から見た自校の現状と課題（30分／講義）

Ⅲ　廃棄検討模擬会議（55分／グループワークと発表）
Ⅳ　講師によるまとめ（10分）
《本日の研修ふりかえり》（3分）

【研修の内容と解説】

Ⅰ　廃棄・更新の意義と必要性

・学校図書館の蔵書は、教育課程の展開に寄与するという目的から、常に正確で新しい情報を備えた利用価値のある資料群でなければならない。
・児童生徒の健全な教養を育成するために個々の読書や知的好奇心に応じられる魅力あるコレクションでなければならない。
・学校図書館資料が役に立つ資料群であり続けるために、定期的、継続的な廃棄・更新は欠かせないものである。
・学校は利用価値のある学校図書館資料を質、量ともに十分に備えるために、組織的、計画的に廃棄・更新を進めていかなければならない。
・資料群としての評価をする際、量的な面からは、学校図書館図書標準*や、学校図書館メディア基準*が指標となるが、数値目標を達成するためだけに、利用価値が失われた本の廃棄をためらうようでは、本来の学校図書館の目的、機能を果たすことはできない。
・質的な面では、全国学校図書館協議会による学校図書館図書廃棄規準*が廃棄の参考

学校図書館図書標準
平成5年3月に文部科学省が定めた公立義務教育諸学校の学校図書館に整備すべき蔵書の標準冊数。

学校図書館メディア基準
全国学校図書館協議会が2000年に各種の学校図書館資料における最低の基準を定めたもの。同協議会のホームページに掲載されている。

学校図書館図書廃棄規準
全国学校図書館協議会が1993年に制定。一般的な基準に加え種別の廃棄基準が具体的に書かれており、実際のめやすになる。今後学校独自の廃棄基準を策定する際にも参考になる。

になるが、各学校の特色を生かした蔵書構築のためには、独自の廃棄基準を明文化し、積極的に更新をすすめていくことが望ましい。

Ⅱ　チェック表から見た自校の現状と課題

1　本と書架の様子から蔵書の状態を知る

・背文字や背ラベルは本を検索するときのよりどころである。破損していたり、日焼けなどで読めない場合は、すぐに適切な修理をおこなう。
・破損が著しい、書きこみがあるなどで修理できない図書は廃棄の対象とする。
・経年による傷み、使用による汚れが甚だしい図書や、シミやカビがある図書は衛生上の観点からも廃棄の対象とする。
・古くなった情報や間違った情報が記載された資料、新しい学説などが採用されていない資料で利用価値のなくなったものは、廃棄の対象とする。
・不適切な表現がある資料などは、書架から取りのぞき、廃棄を検討する。
・興味関心が薄れ、利用頻度が著しく下がった図書や、授業で取りあげられなくなったため利用の可能性が低くなった資料は、保存書庫*などへの移動を考える。
・書架に並んだ図書が適切な量を超えていると使いにくくなる。
・古い本が多すぎると新しい本が埋もれてしまい、利用価値の高い資料が探し出せなくなる。また、利用者に暗くて魅力のない印象をあたえてしまう。

保存書庫
利用にあたって補足が必要な図書、期間限定で利用される複本、廃棄候補の図書、登録前の寄贈本などの保管場所として、保存書庫があると学校図書館全体の環境整備に役立つ。

2　組織的、計画的な廃棄・更新

・書架整理は、修理の必要な図書や廃棄候補の図書を見つけるきっかけともなる。乱れた箇所を直すだけでなく、毎日計画的に書架を見ることで、蔵書の現状と課題に気づくよい機会となる。
・蔵書点検は学校司書が中心となって、年に1回以上おこなうことが望ましい。点検後、蔵書の現状と課題を学校に報告することで、その後の廃棄にともなう資料の更新、選書など、蔵書構築への関心を多くの教職員がもつことも期待される。
・廃棄基準は各学校の特色を生かし、それぞれ明文化するのが望ましい。担当者がかわっても基準が統一されていることで、学校独自の貴重な資料が失われることがない。
・廃棄・更新は継続的におこなわなければならない。

3　廃棄の判断と学校司書の役割

・古い資料でも、利用価値があるかどうかの判断は非常に難しい。ひとりの判断ではなく教職員と連携し、組織的におこなう。
・自校に廃棄基準がない場合は、全国学校図書館協議会による学校図書館図書廃棄規準が参考になる。

4　除籍・廃棄・更新の手順

・日常業務の書架整理や、蔵書点検で気づいた除籍候補の本を書架から取り出す。または日程を決め、教員と一緒に除籍のための取り出し作業をおこなう。
・除籍候補図書リストを作成し、校長の決裁を受ける。
・除籍が決まったら図書原簿から抹消し、除籍簿へ記入する。
・パソコンで管理されている場合は、除籍処理の入力をする。
・図書の処理では、除籍印を押す、ラベル類を外すなどして除籍された本であることを明確にする。
・廃棄した資料を買いかえる必要があれば、資料選択のためのリストを作成する。
・本を取りのぞいたあとの書架の様子を見て、不足した分類の本をどのように補っていくかを検討する。研修プログラム4-1 図書の選択と収集を参考に実践するとよい。

Ⅲ　廃棄検討模擬会議

1　廃棄のための会議を体験してみる

・全国学校図書館協議会「学校図書館図書廃棄規準」をひとり1部配布し、各自黙読する。
・廃棄基準を参考に、もち寄った図書を廃棄するかどうか1冊ずつ見ながら意見を出しあい、廃棄検討の模擬会議をおこなう。ワークシート②（81ページ）を配布し、記入する。
・廃棄を迷っている理由などは、持参した人が説明する。

・ブックカタログや出版社の書誌データなどで類書を検索しながら廃棄の検討をおこなうと、次の選書（更新）の参考になる。
・話しあいの結果とその理由および更新に関する情報を、1冊ずつワークシートに記入する。
・グループの代表が、話しあいの内容や廃棄の結果を発表する。
・ワークシート②（81ページ）の結果を全員が共有し、研修後、自校での参考にできるとよい。

Ⅳ　講師によるまとめ

・講師は模擬会議での話しあいの内容に触れ、具体的な助言をする。

〈参考文献〉

『その蔵書、使えますか？　図書の更新のすすめ』（はじめよう学校図書館3）竹村和子　全国学校図書館協議会　2012年。更新の意義と必要性のほか、除籍・廃棄から新しい本を受け入れるまでの手順が具体的に書かれている。

『学校図書館をデザインする　メディアの分類と配置』（はじめよう学校図書館4）大平睦美　全国学校図書館協議会　2012年。30～38ページ。学校図書館の環境整備における廃棄・更新の実例や、保存書庫の必要性などがエピソードをまじえて書かれている。

『資料・情報を整備しよう　学校図書館メディアの選択と組織化』（シリーズいま、学校図書館のやるべきこと2）笠原良郎・紺野順子　ポプラ社　２００５年。101～118ページ。更新の必要性と学校司書の実務が詳しく書かれている。

『学校図書館メディアの構成』（司書教諭テキストシリーズⅡ2）小田光宏編　樹村房　２０１６年。89～98ページ。蔵書構築のために必要な評価の視点と更新の手法について解説されている。更新の基準となる観点をあげ、事例とともに詳しく説明している。

『司書教諭・学校司書のための学校図書館必携　理論と実践　改訂版』全国学校図書館協議会監修　悠光堂　２０１７年。166～169ページ。図書以外のメディアの更新についても詳しく書かれている。

『「学校図書館ガイドライン」活用ハンドブック　解説編』堀川照代編著　悠光堂　２０１８年。77～78ページ。受入から廃棄の流れの図がある。資料の移管についても説明されている。

『学校司書・司書教諭・図書館担当者のための学校図書館スタートガイド　サンカクくんと問題解決！』学校図書館スタートガイド編集委員会編著　少年写真新聞社　２０１５年。41～43ページ。除籍・廃棄作業が思うように進まないときの学校への働きかけなどが具体的に書かれている。

『蔵書を「更新」して学校図書館をリフレッシュ　蔵書「更新」の手引き』文字・活字文化推進機構・全国学校図書館協議会・学校図書館整備推進会議　２０１５年。廃棄規準のほか、運用上の留意事項、廃棄手続きの流れが、1枚のリーフレットにわかりやすくまとめられている。

図書の廃棄と更新　ワークシート①
自校の蔵書を知るためのチェック表

年　　月　　日

学校名（　　　　　　　　　　　　　　）

＊本や書架の状況、日常業務などであてはまる項目があればチェックを入れる

1．本や書架の様子

□ 背文字がはっきりと見えない
□ 背や表紙が壊れている
□ ページが破れたり、抜け落ちたままになっている
□ シミやカビがある
□ 経年のため、使用されている写真が実物の色と著しく異なる
□ 情報やデータが古く、学習に差しさわりがある
□ 時代に合わない言葉や差別語など、不適切な言葉が使われている
□ 新しい学説が採用されていない
□ 本が多すぎて、書架に余裕がない
□ 新しい本が古い本のなかに埋もれて目立たない
□ 複本が必要以上に書架に置かれている

2．廃棄・更新の計画性

□ 書架整理を学校司書が計画的に毎日おこなっている
□ 蔵書点検を年に1回以上おこなっている
□ 定期的に除籍・廃棄している
□ 学校で定められた廃棄基準があり、それにしたがって廃棄をおこなっている

3．廃棄の判断と実務

□ 廃棄してよい本がわからない
□ 廃棄の手順がわからない
□ 廃棄をさせてもらえない

図書の廃棄と更新　ワークシート②
グループワーク「廃棄検討模擬会議」

年　　月　　日

〔会議メンバー氏名〕

この資料の廃棄更新に関して、検討するメンバー全員の氏名を記入する。

書名（シリーズ名）		所在記号	
著者名		出版社	
結果		出版年	
理由			
更新に関する情報			
研修後の自校での確認			

書誌情報は、版表示、シリーズ名も含め、正確に記入する。特に出版年は廃棄を検討するための情報として、重要である。

結果は下記に書かれている通り○△×で表示する。

まず、廃棄基準と照らし合わせて、廃棄の対象となる本であるかを確認し記入する。次に、上記の結果に至った経緯、話しあいで出た意見や迷った点などを記入する。

同じ本が購入できるか、新版があるか、類書の有無など、買いかえ候補となる資料の情報を記入する。

自校に同じ本があれば、結果を参考に廃棄・更新を検討する。

【結果記入】○：廃棄決定　△：書庫に保存し様子を見る
×：書架に残す

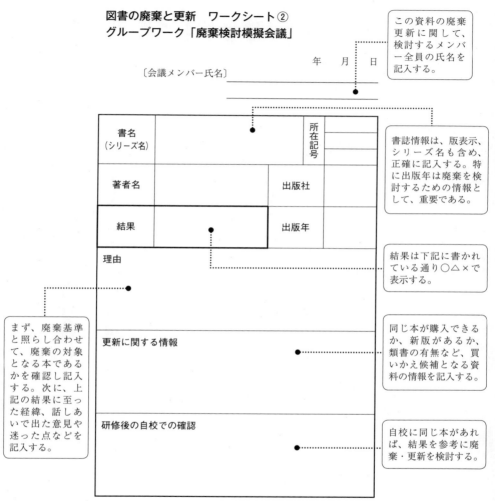

研修プログラム５　学校図書館の環境整備

研修プログラム５−１　学校図書館の案内表示と掲示

研修のめあて
- 学校図書館に必要な案内表示と掲示について学ぶ。
- 案内表示の作成に役立つ情報を共有する。

対象者
学校司書（初級）

講師
学校図書館支援スタッフ、学校図書館整備の経験が豊富な学校司書

事前課題
- 自校で設置している案内表示、書架見出し、案内図があれば、実物または撮影した写真を持参する。
- 案内表示を作成した際の工夫や、便利だった材料、道具の情報をもち寄る。

【研修プログラム】

《本日のめあてと活動の流れ》（5分）

Ⅰ　必要な案内表示と見やすい掲示（60分／講義）

Ⅱ　情報交換（40分）

《本日の研修ふりかえり》（5分）

【研修の内容と解説】

Ⅰ　必要な案内表示と見やすい掲示

学校図書館の案内表示の目的は大きく2点ある。

・児童生徒が学校図書館を利用しやすくするため

・将来にわたり児童生徒が図書館を使いこなす力をつけるため

資料の整理と整備を進めながら以下のような案内表示を順次設置していく必要がある。

（1）利用の案内表示

・現在、開館／閉館していることがわかる案内表示

・開館日、開館時間の案内表示

・利用方法の案内表示

・貸出返却などの手続きをする場所を示す案内表示

（2）書架見出し

・どの分類の資料がどこにあるか、わかる表示

・分類について解説する掲示

・分類以外にも資料を探しやすくする書架見出しを、校種に合わせて紹介する。

（3）別置の案内表示

・分類によらず別置している資料の種類と場所がわかる表示

（4）コーナー展示と掲示

・一定のテーマのもとに資料を集めて展示する場合は、児童生徒に関心をいだかせるよう、適切な掲示を添える。

（5）案内図

・館内の実際に合わせて、案内図を作成する。

（6）その他

・案内表示は、ユニバーサルデザインの観点から読みやすい色や字体に統一する。
・掲示物が多くなると必要な案内表示が見えにくくなるので注意が必要。
・写真や実物など入手可能な実践例を示して解説する。

Ⅱ　情報交換

・持参した案内表示の写真や実物、案内図などをグループで見せあい、意見交換する。
・作った際の工夫や、役に立った文房具、便利グッズなどがあれば情報を全体で共有する。

研修プログラム5-2　学校図書館見学

研修のめあて

学校図書館を見学し自校の課題を見つける。

対象者

学校司書、司書教諭

講師

見学先の司書教諭および学校司書

〔見学先の選定について〕

- 児童生徒の情報活用能力を伸ばすことに重点を置いて整備されている学校図書館
- 読書活動や教科などの学習に活用することに力を入れて整備されている学校図書館
- 見学先の選定にあたって、雑誌「学校図書館」（全国学校図書館協議会）や、東京学芸大学のホームページ「先生のための授業に役立つ学校図書館活用データベース」*を参考にする。
- 学校司書が1校専任の場合は、勤務先の校種と一致していることが望ましい。
- 先進的な学校図書館の見学が企画できない場合は、自治体内で先に学校司書が配置された学校図書館や、環境整備が進んでいる学校図書館を選び、ほかの研修の会場にするなどの工夫が考えられる。

先生のための授業に役立つ学校図書館活用データベース
東京学芸大学学校図書館運営専門委員会によるホームページ。全国の学校図書館の活動が紹介されている。

【研修プログラム】

《本日のめあてと活動の流れ》（5分）
Ⅰ　見学先の学校図書館について（10分／説明）
Ⅱ　見学（45分）
Ⅲ　学校図書館の利活用例の紹介（20分／講義）
Ⅳ　質疑応答（10分）
Ⅴ　課題を見つける（15分）
《本日の研修ふりかえり》（5分）

【研修の内容と解説】

Ⅰ　見学先の学校図書館について

・学校図書館担当者から施設面を中心に説明を受ける。

Ⅱ　見学

・本日の見学で自校の課題を見つけ、書き出したものを研修の終わりに提出することを伝える（とくに書式は定めない）。
・レイアウト、配架、別置、コーナー展示、案内表示などに注目して見学する。
・メモをとること、写真撮影については、あらかじめ研修担当者が許可を申請する。

Ⅲ　学校図書館の利活用例の紹介

・見学した学校図書館を使った授業の展開と、学校司書の支援を紹介してもらう。
・現在のかたちになるまでに要した期間や、さらに改善したい点があれば話してもらう。

Ⅳ　質疑応答

・本日の見学や講義について、わからなかった点、さらに聞きたいことなどがあれば、質問する。

Ⅴ　課題を見つける

・本日の見学、講義をふまえて、自校の課題を見つけ、書き出す。
・研修担当者が回収し、後日返却する。年度末などのふりかえりの機会に、進捗状況について自己点検する材料にする。

研修プログラム6　子どもの本を知る

研修のめあて

- 評価の定まった長く読み継がれてきた子どもの本（児童文学、ノンフィクション）を読み、自分のなかに選書のための基準となるものさしを作る。
- 読書会形式で、1冊の本についてさまざまな視点からの感想や意見を出しあうことで、その本についての読みを深める。
- 読書指導*や読書活動*の際に質の高い本を提供できるようにする。

対象者

学校司書（初級、中級）

講師

学校図書館支援スタッフ、公共図書館司書（子どもの本に関する専門知識のある人）

事前課題

- 課題図書を決め、参加者（グループ）に各2冊、グループ数が多い場合は、同じ課題図書を複数グループに割りあてる。
- 参加者は課題図書を読み、決められた話しあいのテーマについてメモを作成する。
- 話しあいのテーマは、数を少なくして同じテーマを複数人に割りあてることもできる。
- 各テーマを書いたカードを事前にグループ数作っておく。

読書指導
1冊の本を読み通す読書と、調べに必要な部分を読む読書の両方の力を育てるための指導をいう。

読書活動
本を読むだけでなく、本に親しみ、読む力をつけていくための活動を含む。学校では、読書指導を効果的におこなうために計画される子どもの活動をいう。

〔**話しあいのテーマ例**〕
- 著者について（略歴、作品など）
- 主人公、登場人物について
- 最も印象に残ったところ
- 疑問に思ったところ、納得できなかったところ
- ロングセラーとなっている理由
- 装丁、挿絵について
- 翻訳について

〔**課題図書の選び方の例**〕
- 子どもの本のブックリストに掲載されている本から選ぶ。対象学年を決めるとよい。
- 主要な児童文学賞*の受賞作から選ぶ。

〔**課題図書を選ぶためのブックリスト**〕
- 『**物語の森へ**』（児童図書館基本蔵書目録2）東京子ども図書館編　東京こども図書館　2017年。1950年代～2016年に刊行された児童文学から約1600冊を厳選した基本図書目録。
- 『**キラキラ読書クラブ　子どもの本702冊ガイド　改訂新版**』キラキラ読書クラブ編　玉川大学出版部　2014年。小学校低学年から中学生までを対象に、子どもが自分で選べるようテーマ別に紹介している。
- 『**科学の本っておもしろい　2003-2009**』科学読物研究会編　連合出版　2010年。科学読み物365冊と関連図書156冊を分野別に紹介している。

主要な児童文学賞
国立国会図書館国際子ども図書館ホームページ「子どもの読書活動推進」の「子どもの読書に関する情報提供」に国内外の「児童文学賞一覧」が掲載されている。

【研修プログラム】

《本日のめあてと活動の流れ》（5分）

Ⅰ　読書会（60分）

Ⅱ　発表（20分）

Ⅲ　講評（20分）

《本日の研修ふりかえり》（5分）

【研修の内容と解説】

Ⅰ　読書会

・話しあいのテーマを書いたカード（事前にグループ数用意）をひき、各自の担当を決める。

・司会、発表者を決める。

・テーマについてひとり5分程度話す。

・意見交換をおこなう（1テーマ5分程度）。

Ⅱ　発表

・各グループからひとりずつ発表する。
・おもな意見、感想などについて話す。

Ⅲ　講評

・講師は、課題図書が長く読み継がれている理由、よい本の条件などについて解説する。
・本を評価するための基準、ものさしを作ることの大切さについて説明する。
・各グループの意見、感想についてコメントをする。質問があれば答える。

【中級以上対象の発展研修】

教科書に掲載されている本などを取りあげ、本の紹介や選書の参考とする。

〔課題図書のテーマ例〕

・教科書に掲載されている本
・青少年読書感想文全国コンクールの課題図書
・同じ作者の異なる作品の読みくらべ
・同じ翻訳作品で訳者・出版社の異なる作品の読みくらべ

研修プログラム７　本を評価する

研修のめあて

- 本の評価の意義、大切さについて学ぶ。
- 選書のための情報収集の方法について学ぶ。
- 模擬選書会議をおこなうことで、評価のポイントを知り、選書の技術を学ぶ。
- 評価した本について、自校の蔵書収集の参考とする。

対象者

学校司書（初級、中級）

講師

学校図書館支援スタッフ、公共図書館職員（子どもの本に関する専門知識のある人）

事前課題

- 1年以内に出版された本のなかから評価する本を選び、参加者（グループ）に割りあてる。
- 参加者は割りあてられた本を読んで評価票*（97ページ）に記入してくる。

〔**評価する本を選ぶための資料**〕

- **月刊書評誌「子どもの本棚」**（日本子どもの本研究会）。毎年5月号に、前年に出版された子どもの本が紹介されている。
- **『おすすめリスト』**（教文館ナルニア国）。毎年出版されている。

評価票
公共図書館の選書会議で使用する評価票を参考に作成するとよい。また、評価基準には、「全国学校図書館協議会図書選定基準」を使用することができる。

・図書館振興財団ホームページの「イベント情報」。「子どもの本　この1年を振り返って」の講演録（ブックリスト）を掲載している。

【研修プログラム】
《本日のめあてと活動の流れ》（5分）
Ⅰ　本の評価とは（10分／講義）
Ⅱ　選書のためのツール、新刊情報の集め方について（10分／講義）
Ⅲ　模擬選書会議（50分）
Ⅳ　発表（20分）
Ⅴ　講評（10分）
《本日の研修ふりかえり》（5分）

【研修の内容と解説】

Ⅰ　本の評価とは

・学校図書館の蔵書は、①基本になる蔵書群、②将来①に入る可能性のある蔵書群、③読書のきっかけとなる手にとりやすい蔵書群の三層構造*となるのが望ましい。

・学校司書は、まず①の基本となる蔵書をそろえ、予算を考えながら②、③をバラ

蔵書群の三層構造
『児童サービス論』（JLA図書館情報学テキストシリーズⅢ6）91ページ（ブックリスト184ページ）。

ンスよく収集していく。そのために、本の評価が必要となる。

・本を評価するためには、ロングセラーの本、長年子どもたちの支持を受け、評価が定まっている本をたくさん読み、自分のなかに評価のものさし（基準）を作らなければならない（研修プログラム6を参照）。

・学校図書館の蔵書の選定基準として、全国学校図書館協議会の「全国学校図書館協議会図書選定基準*」を参考にするとよい。

全国学校図書館協議会図書選定基準
学校図書館において必要かつ適切な蔵書を選定するための基準として、全国学校図書館協議会が1980年に定めた（2008年改定）。

Ⅱ　選書のためのツール、新刊情報の集め方について

1　選書のためのツール

（1）書評、紹介記事

子どもの本に関する雑誌や書評誌、子ども向けの新聞などに掲載される書評や本の紹介を参考にする。

〔参考となる書評掲載誌〕

・「こどもとしょかん」（東京子ども図書館、季刊）
・「子どもの本棚」（日本子どもの本研究会、月刊）
・「学校図書館」（全国学校図書館協議会、月刊）

（2）子どもの本を出版している出版社の目録、広報誌、SNSによる発信

（3）公共図書館のホームページ、広報誌、ブックリスト

新刊情報や本の紹介、ブックリストを見る。学校図書館への支援として、新規受入図

書のリストを提供してもらうこともできる。

（4）民間の図書データベースサービス（ＴＲＣのTooli-S*など）

学校図書館の蔵書データ作成のために契約している場合、新刊情報などの情報を得ることができる。

ＴＲＣのTooli-S
図書館流通センター（ＴＲＣ）が提供している小中学校向け学校図書館ウェブシステム。図書データベースと流通サービスが利用できる。

2　新刊情報の集め方

・新聞、雑誌などの情報は、公共図書館を利用して手に入れる。
・出版取次（日本出版販売、トーハンなど）のブックフェアへいく。
・公共図書館の学校図書館担当から情報（リスト）を得る。
・同じ自治体内のほかの学校で発行している「図書館だより」を交換する。
・書店へいく。
・年末・年度末などに研修で子どもの本に詳しい講師（公共図書館職員、書店員など）に近刊のなかから紹介してもらう。

Ⅲ　模擬選書会議

・司会、発表者を決める。
・課題図書について、１冊ずつ評価をおこなう。
・グループとしての総合評価を決める。評価のポイントについてもまとめる。

Ⅳ　発表

・各グループの発表者が、選書会議の結果を決められた時間内（5分程度）に簡潔に報告する。

Ⅴ　講評

・各グループの評価についての講評をおこなう。
・本の選定についてのまとめをおこなう。

選定用評価票（例）

ジャンル：絵本 物語・文学 ノンフィクション　　学校名：　　　　　　　　　　学校

書名	ネコのタクシー
著者（1）	南部和也 作
著者（2）	さとうあや 絵
シリーズ名	
出版社	福音館書店
発行年	2001年
対象	小学低・小学中・小学高・中学
内容（簡潔に）	タクシー運転手のランスさんの家で暮らしているネコのトムは、けがをしたランスさんのかわりに、働くことになる。トムは自分の足で走るタクシーにお客のネコを乗せて町中を走りまわる。

「全国学校図書館協議会図書選定基準」を参考にする。
4：よい　3：ややよい　2：ややよくない　1：よくない

	4段階評価	コメント
内容	4	ネコがタクシー運転手になる、という設定がユニークである。困っているネコを助けるうち、事件に巻きこまれるストーリーに引きこまれ、読後感もよい。
表現	4	平易で読みやすい。読み聞かせにも向いている。挿絵は物語の情景や雰囲気を伝え、読み手がイメージをふくらませる助けとなっている。
構成	3	書名はシンプルだが、幼年童話としてはわかりやすくてよい。
造本・印刷	4	幅を広くし、挿絵を大きく見せることで、絵童話のような作りとなっている。
部門別基準 部門（　　）		
総合評価	A	A　基本的な蔵書となる資料 B　学習などで活用できる資料 C　読書のきっかけとして使える資料 D　余裕があれば購入してみる資料 E　所蔵の対象とならない資料
特記事項	続編『ネコのタクシー　アフリカへ行く』（福音館書店）	

研修プログラム8　読書活動の時間

研修のめあて

読み物を中心とした読書活動の指導、支援方法を知る。

対象者

小学校司書（初級・中級）、司書教諭・図書館担当教員

講師

学校図書館支援スタッフ、指導主事、学校現場経験者（実践に詳しい人）

事前課題

- 「読書活動アンケート」（105ページ）
- アンケートで、クラス別の利用状況と読書活動の現状をつかむ。おもに国語科（図書の時間）での来館時の読書指導と静読*の実施状況のほか、授業の流れを校内で統一しているか、学年や時期によって読ませる本の範囲を決めているか、読書記録の有無など。
- 学校司書と教員の共通理解促進のために、司書教諭・図書館担当教員に送付し記入してもらう。
- 研修担当者は研修前に回収し目を通す。優れた活動は周知する。当該学校司書に報告を依頼してもよい。
- 回答の写しを当日持参してもらう。

静読
心静かにひとりひとりが読書すること。『こうすれば子どもが育つ学校が変わる学校図書館活用教育ハンドブック』山形県鶴岡市立朝暘第一小学校編著　国土社　2003年　68ページ。

【研修プログラム】

《本日のめあてと活動の流れ》（5分）

Ⅰ　読書活動の意義と読書時間の確保　（20分／話しあいと講義）

Ⅱ　クラス来館時の読書活動を充実するための手立て（50分／講義）

Ⅲ　読書力を育むための読書記録の活用（30分／話しあいと講義）

《本日の研修ふりかえり》（5分）

【研修の内容と解説】

Ⅰ　読書活動の意義と読書時間の確保

・参加者が、まず自分の言葉で「読書の意義」を表現することが大切。事前の読書活動アンケートに入れてもよいし、小グループでの話しあい後に講義に入るのもよい。

・「読書教育」「読書指導＊」「読書活動＊」について
「読書教育」は、学校教育において、読書を通して豊かな人間形成を図るための教育活動を総合的にとらえた言葉である。そのために、さまざまな目標を立てて計画されるのが「読書活動」である。ゆえに実施にあたり、教員と学校司書の「読書指導や支援」は欠かせない。その場の状況と対象に適した資料と手法を用いる。学校

読書指導
1冊の本を読み通す読書と、調べに必要な部分を読む読書の両方の力を育てるための指導をいう。

読書活動
本を読むだけでなく、本に親しみ、読む力をつけていくための活動を含む。学校では、読書指導を効果的におこなうために計画される子どもの活動をいう。

での「読書活動」は、学校図書館を活用すること、また、ただ読ませるのではなく、意図的で計画的に実施することが大切である。

1　意義と必要性

・読書は趣味のひとつではない。すべての学習の基礎になる言葉を学び、表現力を高め、創造力や自己教育力を育てる。心を豊かにし、多様な生き方や考え方に触れ、幅広い知識を得る。「人生をより深く生きる力を身に付けていく」（「子どもの読書活動の推進に関する法律」*第2条）ための必須の活動である。
・学校での読書活動については、学習指導要領総則のなかの「読書活動」や、国語科学年別目標、「読む」「聞く」のねらいとも関連づけて考えたい。

2　学校生活のさまざまな場での読書活動

・内容指定のない国語科（図書の時間）での来館時の読書
・国語科単元と関連させた並行読書*や発展読書
・国語科以外の各教科など、特別活動、総合的な学習の時間、行事に関連した読書
・朝読書*
・家庭の読書*

子どもの読書活動の推進に関する法律
2001年12月施行。

並行読書
教科書の単元のねらいに合わせて、教材に関連した本や文章を読むこと。たとえば、同じテーマの科学読み物や同じ作者の本など。

朝読書
本は家庭から持参させるより選ばれた学校図書館の蔵書を活用したい。蔵書を学級に置き定期的に交換することも有効である。

家庭の読書
借りた本を家庭で読み切り借りかえを促す指導が家庭での読書を推進し、読書習慣を作る。保護者の協力を得る手立てを考える。実践例は、「家庭との連携」（『司書と先生がつくる学校図書館』224～228ページ）参

Ⅱ　クラス来館時の読書活動を充実するための手立て

1　前提として必要なこと

・学校司書と教員が自校の蔵書を知り蔵書の質を保つ。
・読書のトレーニングは、弊害の多い頁数や冊数競争*ではなく、多様な読書の動機づけでおこなう。
・個人に応じた支援を実施する。
・学校図書館活用年間計画に系統的な読書活動を位置づける。
・計画は管理職と司書教諭・図書館担当教員が中心になって校内周知する。
・学校司書は毎年の実践をまとめ、次年度の計画作成の資料*として生かす。

2　充実するための手立て

（1）全クラスの定期的な来館

・全校で定期的な借りかえを目指す。
・読書の習慣化は「読みたい本がいつも手元にある」状態を作ることから始まる。
・毎週の来館が難しくなる4年生以上でも系統的な読書指導を継続する。
・授業のはじめや終わりに短時間で借りかえるなど、各校で工夫する。

（2）授業の流れを校内で統一*

・授業の流れを定型化し「聞く」「読む」時間を確保する。
・動機づけ（読み聞かせ、紹介など）と静読は毎回実施する。

照（参考文献104ページ）。

頁数や冊数競争
「貸出冊数が伸びれば、読書力は伸びるのか？」（『司書と先生がつくる学校図書館』79ページ）参照（参考文献104ページ）。

計画作成の資料
「実践を生かした図書館年間計画のつくりかた」（『司書と先生がつくる学校図書館』48～52ページ）参照（参考文献104ページ）。

校内で統一
「『図書の時間』の定型化と協働のしかた」（『司書と先生がつくる学校図書館』55～75ページ）参照（参考文献104ページ）。

・定型化で教員（T1）*と学校司書（T2）*の協働を進める。
・司書教諭・図書館担当教員が校内周知する。

（3）多彩な読書活動の推進

・国語科の単元と連動したさまざまなジャンル（物語、詩、伝記や紀行文、意見文、科学読み物など）の読書活動
・生活科、理科、社会科、道徳、総合的な学習の時間の学習を深める読書活動
・「学級活動」としても位置づけられる図書館の利用指導で、本の紹介を取り入れる。
・「アニマシオン」*や「読書会」*「ビブリオバトル（書評合戦）」*の手法を取り入れる。
・期間を区切り集中して読む「リスト読み」*はクラス全体の読書力をあげる。リスト本を選ぶ際には学年別、テーマ別、ジャンル別などの質の高いリスト活用する。
・リスト本探しに役立つ資料に、都立多摩図書館冊子「ひとりでよめるよ」「ほん・本・ごほん1〜3」*や『キラキラ読書クラブ　子どもの本702冊ガイド　改訂新版』*、『私たちの選んだ子どもの本　改訂新版』*などがある。

Ⅲ　読書力を育むための読書記録の活用

1　記録の活用

・児童生徒には、読書をふりかえり読書生活を考える資料である。
・教員と学校司書には、各児童の読書レベルや傾向を理解し適切な支援、指導をおこなうための資料である。

T1・T2
複数の教職員が協力して指導するティーム・ティーチングにおいて、ひとつの集団を対象にする場合に中心となるのがT1で、補助するのがT2である。協力方法は多様である。

アニマシオン
「アニマ（anima）」（魂・生命）に新鮮な息吹を吹きこんで活性化し人生を豊かに生きることを励ます意味。「読書のアニマシオン」は本の世界や図書館に誘う多様な活動。

読書会
研修プログラム6参照。

ビブリオバトル（書評合戦）
各自のおすすめ本を3〜5分で紹介。読みたい本（チャンプ本）を選ぶ。質問時間も取れる。聞き手は紹介

・いつ、どのように活用するかを検討し試してみる。

2　読書記録の形式

・パソコン管理の貸出方法は、読書実態把握や読書のふりかえりには向かないため、児童が簡単に記入できる記録用紙*を作成する。
・学校図書館で貸出、閲覧した本の記録だけにする。それ以外は必要に応じて記録する。
・継続するためには、記入項目は少ないほうがよい。
・学年により作者欄を作るなど形式変更もできる。

3　読書記録の活用法の検討

・使用中の記録をもち寄り、形式や活用法を検討する。
・生かし方の例に「読書のまとめ*」がある。

【中級以上対象の発展研修】
自治体独自の推薦リスト作成

「リスト読み」（102ページ）に活用する「推薦リスト」を作成する。

（1）作成方法

・各自が学年別に推薦本を選び、候補の一覧表を作成する。
・グループごとに学年を分担し、候補本を検討し絞りこんでいく。

者以外も参加可。中高生向きで小学生は発達段階に応じ工夫が必要。

リスト読み
10冊程度。一覧表に読了日と感想の記号を記入させる。合計児童数以上の冊数を複本で準備。開始時のブックトークは効果的。例は、「推薦リストの活用」（『司書と先生がつくる学校図書館』246～250ページ）参照（参考文献104ページ）。

「ひとりでよめるよ」「ほん・本・ごほん1～3」
東京都立多摩図書館が作成したブックリスト。同館ホームページの「子供の読書に関わる方のページ」からダウンロードできる。

『キラキラ読書クラブ　子どもの本702冊ガイド　改訂新版』
ブックリスト186ページ。

・会場は本を集めやすい公共図書館が適している。
・公共図書館員との合同研修も有効である。
・グループごとに1年間かけて継続して取り組むとよい。

（2）完成後の活用

・公共図書館と連携し、選ばれた資料を複本で購入し自治体で共同活用する。
・数年ごとに見直すなど改訂版を作成していく。

〈参考文献〉

『司書と先生がつくる学校図書館』福岡淳子　玉川大学出版部　2015年。公立小学校の学校司書として教員といかに連携したか、どのような指導や支援が子どもの読書力を伸ばしたかを、実践と児童の経年読書記録を分析して述べている。

『読書の指導と学校図書館』（学校図書館学2）小川三和子　大串夏身監修　青弓社　2015年。公立小学校教諭、司書教諭の豊かな実践をもとに具体的な手法を掲載。読書の意義や読書指導の系譜、発達段階に応じた指導などの理論面もわかりやすい。

『私たちの選んだ子どもの本　改訂新版』
東京子ども図書館編　東京子ども図書館　2012年。

記録用紙
資料1「貸し出しカード」の見本（『司書と先生がつくる学校図書館』206ページ）参照（参考文献104ページ）。

読書のまとめ
読書反省の手法。学期ごとに学校図書館で借りた冊数と読了冊数、おすすめ3冊の書名を記入させる。例は、「『読書のまとめ』をはじめる」（『司書と先生がつくる学校図書館』85〜87ページ）参照（参考文献104ページ）。

《読書活動アンケート》

（　　　　　　）小・教員名（　　　　　　）回答日　　年　　月　　日
　　　　　　　　　司書名（　　　　　　）研修日に写しをご持参ください。

表1および問2は担当教員が学校司書から聞き取り入力してください。
表1の行は、クラス数に応じて増減してください。

【1．前月の組別利用回数と読書活動】

		A	B	C	D
年	組	前月来館回数	静読有の回数	読書指導・支援実施の回数	貸出返却のみの回数
1	1				
	2				
	3				
小計					
2	1				
小計					
3	1				
小計					
4	1				
小計					
5	1				
小計					
6	1				
小計					
合計					
平均					

A　クラスで来館した回数（全員なら滞在時間は短くても数える）
B　静読時間*がおおむね10分以上取れた回数
C　読み聞かせや紹介などの支援指導、その他を実施した回数
＊全員が着席し心静かにひとりひとりが読書する時間

【2．読書支援、指導の状況】どちらかに○

① 国語科（図書の時間）の来館時に校内で授業の流れを定型化していますか？
はい　　いいえ　➡「はい」の場合は流れを→で簡単に記入
・

② 学年や時期によって読ませる本の範囲を決めていますか？
はい　　いいえ　➡「はい」の場合は例を簡単に記入
・
・

③ 来館時の読書記録（有・無）➡有の場合は形式を1部提出

【3．学校司書が考える「読書の意義と必要性」】箇条書きでご記入ください。
・

研修プログラム９　読み聞かせ

研修のめあて

読み聞かせの意義と方法、発達に適した本を知る。

対象者

学校司書（初級、中級）、司書教諭・図書館担当教員

講師*

学校図書館支援スタッフ、経験豊富な学校司書や公共図書館司書

事前課題

「読み聞かせアンケート*」

めあては、実施状況とともに「何を読み聞かせているか」をつかむことである。自校で読み聞かせた本から学年別にベスト3を選び、表*にまとめる。その資料をもとに他校と比較検討すると有効である。「読み聞かせの記録作成」「司書による教員への読み聞かせの支援」をしているか、「本を選択する際に留意していること」や「読み聞かせに関する課題や疑問」を聞くなどして研修に生かす。

【研修プログラム】

《本日のめあてと活動の流れ》（5分）

講師
実践に詳しく実演もできる人が望ましい。

読み聞かせアンケート
電子媒体で送付回収する。当日配布する一覧表は複数校であがった作品のみでもよい。参加者は自校分を複写して持参する。

表
小学校6学年、中学校3学年別の表に書名を記入。未実施は斜線。

Ⅰ　読み聞かせの意義と必要性　（30分／講義）
Ⅱ　本の選び方（20分／講義）
Ⅲ　読み聞かせのしかた（50分／講義と実演、グループ討議）
《本日の研修ふりかえり》（5分）

【研修の内容と解説】

Ⅰ　読み聞かせの意義と必要性

1　読み聞かせの種類と特長

（1）物語絵本と知識絵本の読み聞かせ

・物語絵本だけでなく知識絵本も活用する。
・季節や行事、単元に合わせた絵本を活用する。

（2）物語の朗読

・小学校2年生からは「連作もの」*を楽しめる。高学年や中学では「短編集」の朗読もよい。「連作もの」や「短編集」はともに一話を朗読すると、ひとり読みに誘う効果が高い。
・長編は継続して少しずつ読み通す。冒頭部分や一部分の朗読は紹介になる。

（3）言葉遊び、詩

・集団では、朗読、群読、暗唱など多様な楽しみ方がある。
・単元と連動させたり日常的に取り入れたりできる。

連作もの
「連作もの」とは同じ主人公が活躍する短めの話を集めた物語。短時間で1話ずつ読める。『あたまをつかった小さなおばあさん』（ホープ・ニューウェル　福音館書店　1970年）や『くまのパディントン』（マイケル・ボンド　福音館書店　1967年）などがある。

（4）昔話

・昔話絵本は類書を比較して選ぶ。
・昔話集から1話を選んだ朗読や語りは、出典を紹介すると、所収のほかの話やシリーズへと読み広げていく。対象年齢に適した昔話集を豊富にそろえて貸し出す。
・昔話は、耳で聞いたほうが楽しめる。読書が苦手な児童生徒もひきつける。
・「困難はのりこえられる」というメッセージを含むものが多く、10歳まではたっぷり聞かせたい。

2　読み聞かせのよさ

・聞き手は「読む」作業から解放されて、作品をより理解しやすくなる。
・「肉声」を介して喜びを得るので、子どもの心に人や言葉への信頼を育む。
・「耳からの読書」であり、「集中して聞くこと」が自然に身につく。
・本への関心を高める「読書の動機づけ」になる。学校ではこの面を明確に意識し、関連本を紹介しひとり読みへつなげる。
※読み聞かせた本や関連させて紹介した本は、その場で借りられるようにする。
※公共図書館資料の団体貸出や予約制度*も活用する。

3　読み聞かせの機会を拡充

（1）教員や司書の読み聞かせ

・図書（国語）の時間や授業で単元と関連させた本を読む。

予約制度
貸出中の本を予約できるしくみ。学校司書の勤務条件により制度の実施が困難なら、紹介した本だけでも実施したい。

・授業のはじめや終わり、少しでも時間がとれたときに読む。
・行事で読む。

(2) 児童生徒による読み聞かせ

・本選びや読み方の事前指導*をする。
・図書係が教室で、6年生が新1年生に、委員会活動でなど、多様な機会をとらえる。
・中学生が職場体験やボランティア活動で読むことも考えられる。

(3) 保護者や地域の方の読み聞かせ

・学校司書や教員は協力して、本選びや実施方法、読む人などの相談にのり、事前に内容を把握しておく。
・実施記録を取る。
・読み聞かせ後は本の展示や貸出をする。

Ⅱ 本の選び方

1 本選びの重要性

・「何を」選ぶか「いつ」読むかを真剣に考える。
・多様なジャンルの本に出合わせる。
・読み聞かせる対象の児童生徒の現状を見極めて選ぶ。

事前指導
児童の希望を尊重しながら本選びを支援する。学校図書館資料を別枠で貸出する。

2　系統的計画的な読み聞かせ

・よい作品でも出合う時期が大切である。
・発達段階や学習との関連を考え卒業までを見通した計画を立案する。計画的に継続*する。
・読み聞かせの記録をとり、改善する。
・記録は、児童生徒の集中度を記号で表すなど簡単な方法にする。
・記録の積み重ねを、読み聞かせ計画作成へとつなげていく。
・毎年使用する本は蔵書としてそろえ、教員にもリストを提供する。

3　読み聞かせの基本資料

・『読み聞かせＡＢＣ　集団の子供たちへの読み聞かせに　改訂版』東京都立多摩図書館編　東京都立多摩図書館　２０１９年。「東京都子供読書活動推進資料*」のひとつ。基本的な絵本のリストで、読み聞かせガイドとプログラムの作り方、件名索引つき。
・『よみきかせのきほん　保育園・幼稚園・学校での実践ガイド』東京子ども図書館編　東京子ども図書館　２０１８年。掲載の基本ガイドはだれもが学びたい内容。基本的な絵本のリストは「幼児１」「幼児２」「低学年」「中学年以上向き」別。幼児１（３歳前後）にも1年生が喜ぶ絵本がある。件名索引つき。
・『小学校での読み聞かせガイドブック　朝の15分のために　改訂版』湯沢朱実ほかプランニング遊　２０１４年。著者は素話《すばなし》*や読み聞かせの経験が豊富。実践的で的確な内容。学年別絵本リスト、朗読に向く昔話、楽しい言葉遊びや詩の紹介。

計画的に継続
継続していくことで、集中しにくい創作の物語やユーモラスな笑話などをクラス全体が楽しめるようになる。

「東京都子供読書活動推進資料」
東京都立多摩図書館が作成したブックリスト。同館ホームページの「子供の読書に関わる方のページ」からダウンロードできる。

素話
語り手がお話を覚えておいて、何ももたずに語ること。

Ⅲ　読み聞かせのしかた

1　準備

・多様な子どもたちの集団へ読み聞かせるには、集中しやすい場作りが必要である。
・学校司書が実施する場合は、担任の座る場所も考える。
・スペースの作り方や読みはじめるまでの配慮の実際は、前ページの読み聞かせの基本資料を参照する。

2　読むときの留意点（本のもち方、めくり方、声の出し方など）を学ぶ

・講師の実演を参考にする。
・小中学校別６人くらいのグループで、読み聞かせを見せあい批評しあう。
・事前の読み聞かせアンケートに記入した本を各自が持参して使用する。
・自身の改善点を指摘してもらうだけでなく、ほかの人のやり方を見ることは学びが多い。

【中級以上対象の発展研修】

「語り（素話）」の実技研修

（1）聞く体験と語る体験

・語りは学校司書として身につけたい技術である。
・子どもが学校司書への信頼感を強めるので、ほかの支援も効果があがる。

・まず、語りを楽しむ。次に、以下の資料を参考に話を選び1話覚えてみる。
・児童生徒に読み聞かせてみると、覚えやすくなる。
・研修では、小グループに分かれて語りを聞きあう。

（2）朗読や語りに関連した資料

・**『お話のリスト　新装版』**東京子ども図書館編　東京子ども図書館　2014年。226のお話の対象年齢、所要時間、あらすじ、特徴、類話など。「まずこの話から」「さらに幅を広げて」に分けられている。
・**『おはなし会ガイドブック　小学生向きのプログラムを中心に』**茨木啓子ほか編著　こぐま社　2003年。学校で素話を語ってきた編著者たちの長年の経験をもとに選ばれたお話を紹介している。あらすじ、特徴、語り方、選ばれたお話を中心にしたプログラムを、低・中・高学年別に提案。絵本との組み合わせも掲載。
・**『昔話は残酷か　グリム昔話をめぐって』**野村泫　東京子ども図書館　1997年。「昔話は残酷」という感じ方に、昔話研究の成果を具体的に示しながら反論し、昔話の特性も理解できる冊子。学校司書は一読が必要。
・**『子どもに物語の読み聞かせを　読み聞かせに向く260話のリスト』**尾野三千代　児童図書館研究会　2014年。朗読から始める手法を紹介。昔話を中心に創作の物語も掲載。あらすじ、対象年齢、おすすめ度、所要時間、複数の出典、内容のヒントになるキーワードも多数拾われている。

研修プログラム10　ブックトーク

研修のめあて
ブックトークの意義と方法を知る。

対象者
学校司書（初級、中級）、司書教諭

講師*
学校図書館支援スタッフ、ブックトークの経験豊富な公共図書館員や学校司書

事前課題
①今年度（昨年度）の学年別ブックトークの有無。有なら教科、時期、テーマを記入。
②ブックトーク実施上の課題*を自由記入。
③課題のテーマ*で中学年または中学生向きの本を1冊選び800〜1200字程度のシナリオを作成する（当日持参）。

講師
理論だけでなく学校での実践に詳しく実演もできる人が望ましい。

実施上の課題
ブックトークの経験がない学校司書は、ブックトークを始めるにあたっての課題や疑問のみ記入。

課題のテーマ
テーマは主催者があらかじめ決めておく。「冒険」「ともだち」「家族」など多くの本が対象となるテーマを課題とする。

【研修プログラム】
《本日のめあてと活動の流れ》（5分）
Ⅰ　ブックトークの種類と意義　（30分／講義、実演）
Ⅱ　学校でのブックトーク　（30分／講義）

Ⅲ　ブックトークをしてみよう（40分）

《本日の研修ふりかえり》（5分）

【研修の内容と解説】

Ⅰ　ブックトークの種類と意義

1　ブックトークとは何か

・あるテーマに沿って複数の本を選び工夫して紹介し、聞き手に本の魅力や特徴を伝え、読みたいという気持ちを刺激すること。

・あらかじめシナリオを作り紹介するのが「フォーマルなブックトーク」である。

・紹介冊数や実施時間が少ない形式ばらないブックトークも、現場では日常的に実施でき重要である。

2　ブックトークの特長

・目の前で表紙やイラストなどを見ながら特徴や見所を聞くので、読む意欲が湧く。

・自分では選ばない本やジャンルの本との出合いがある。

・人物紹介やあらすじなどを聞いてから読むので、本人にとって、ややレベルの高い本でも読み通しやすく、読書力向上のきっかけとなる。

3　講師の実演

・小学校3年生から中学校1年生の間で対象学年を選んでもらい、15分程度の実演をお願いする。
・事前課題としたブックトークと同じテーマでお願いできるとよい。

Ⅱ　学校でのブックトーク

1　学校での意義

・ブックトークは年代や興味が似ている集団にとくに有効であるため、学校司書や教員が学級単位でおこなうと大きな効果をあげる。
・年間計画に系統的に組みこむと、読書に興味をもつ児童生徒が増える。

2　フォーマルなブックトーク

（1）学校での手順と留意点

①テーマのもとに、複数の本を集める

・教員が学校司書にブックトークを依頼する場合は、「学習のめあて」を伝える。
・各学年の教科書や各種の年間指導計画を参照し、ブックトークが効果をあげる単元で実施する。

②学習のめあてに適した本を絞りこむ

・フォーマルなブックトークは小学校3年生くらいからが適している。
・上質な本を選ぶことが肝要。ブックトークをきっかけに読みはじめれば、その本のもつ力が、最後まで子どもの心をひっぱっていく。
・対象学級の読書力に配慮する。読書が苦手な子も読める本を入れておく。
・ブックトーク後には全員が、紹介本から読んだり借りたりできるように児童生徒数以上の複本を準備する*。シリーズのある本を入れると冊数を確保しやすい。不足分は予約制度*で対応する。

③シナリオを作り練習する
・シナリオを作ると、次におこなうときに改善したりほかの本と組んだりして生かせる。
・ブックトーク終了後にすぐ紹介本を読んだり借りたりできる時間を確保したい。そのために、練習時には時間を計り当日も時間を調整する。

④導入を工夫し、本を関連づけ、順序立てて紹介する
・当日は、子どもたちの反応によって臨機応変に言葉を交わしながら進める。
・シナリオは読まない。本ごとの紹介ポイントとつなぎの言葉のメモを置いておくと落ちついて進められる。
・紹介した本は表紙を見せるように置いていく。
・聞き手が疲れてきたら、手短に紹介したり一部カットしたりして無理に聞かせない。

⑤実施後の記録と改善
・実施者の反省、聞き手の反応、貸出状況などを簡単に記録し、今後に生かす。
・蔵書選択の際にブックトークに適しているかを評価し評価票に記入する。

(2) 初級向きの資料

複本を準備
公共図書館の団体貸出（借用制度）を活用する。フォーマルなブックトークには公共図書館との連携が不可欠。

予約制度
貸出中の本を予約できるしくみ。学校司書の勤務条件により制度の実施が困難なら、紹介した本だけでも実施したい。

・『ブックトークのきほん　21の事例つき』東京子ども図書館編　東京子ども図書館　２０１６年。歴史、意義、効果的な方法、実践へのアドバイス、よく練られたシナリオと実践報告も掲載。

・『キラキラ応援ブックトーク　子どもに本をすすめる33のシナリオ』キラキラ読書クラブ編　岩崎書店　２００９年。低・中・高学年別に上質な本を的確に紹介。同じ本の紹介を自分で書いて比較すると力がつく。

・『あなたもブックトーク』京都ブックトークの会編　連合出版　２００９年。研鑽を積んだボランティアグループが執筆。開催した入門講座の記録が参考になる。

3　日常的におこなう形式ばらないブックトーク

・個人や少人数対象にも有効である。

・口頭で紹介する機会を増やすとフォーマルなブックトークの練習にもなる。

・読み聞かせと結びつけた１～３冊くらいの紹介もよい。

・表紙と中身の挿絵の一部を見せるだけでも効果がある。

・集中力が長く続かない低学年にも向く。

・新着本から、その学年に適した本のみを簡単に紹介する。紙媒体の紹介より読書が苦手な利用者に効果的である。

4　子どもたちによるブックトーク

・５年生の国語教科書*にも手法が紹介されるなど、学習に取り入れられている。

国語教科書
「広がる、つながるわたしたちの読書」『国語五　銀河』光村図書出版　２０１６年　72ページ。

・教員と学校司書が「用語」「学習のめあて」の共通理解を図り連携して支援する。
・各自がテーマを決め、本を選んで複数冊を紹介する場合は、本選び、読みこみ、紹介メモ作成、練習など、教員の周到な学習計画と学校司書のきめ細かい支援が必要である。
・学校司書や教員のブックトークを見本として見せるのもよい。
・学習のめあてや発達段階に合わせて方法を工夫する。
・テーマ別にグループを作り児童生徒は1冊ずつ紹介するなどの方法もある。

Ⅲ　ブックトークをしてみよう

・小中学校別に6人程度のグループで紹介しあう。
・事前課題の紹介文をもとに各自紹介したあとで各々のよかった点と改善点を指摘しあう。
・ほかの人が選んだ本をメモしておくと、フォーマルなブックトークの資料となる。
・各グループ同時進行なので、声が重ならないスペースを確保する。

【中級以上対象の発展研修】

1　20分程度のフォーマルなブックトークの実践発表と相互批評

（1）実施上の留意点

・テーマは共通でも自由でもよい。

・グループに分かれておこなう。

・紹介本が各自数冊になるため、本の準備上、会場は公共図書館が向いている。

（2）中級向きの資料（テーマの決定、本選び、シナリオの参考になる資料）

・**『今日からはじめるブックトーク　小学校での学年別実践集』**（シリーズ学校図書館）徐奈美　少年写真新聞社　２０１０年。著者は私立小学校司書教諭。自校の児童生徒の実態に合わせて実施学年を検討する。

・**『ミニブックトークをどうぞ』**北畑博子　連合出版　２００４年。科学の本を中心に、15～30分のミニブックトークの事例を紹介。

・**『キラキラ読書クラブ　子どもの本７０２冊ガイド　改訂新版』**キラキラ読書クラブ編　玉川大学出版部　２０１４年。１２０のキーワードで紹介。本を探すときに役立つ。あらすじとおすすめポイントは紹介のヒントになる。

研修プログラム11　学校図書館オリエンテーションと利用指導

研修プログラム11-1　学年始めのオリエンテーション

研修のめあて

図書館オリエンテーションのあり方について検討しあい、学校図書館の基本的役割を確認する。

対象者

学校司書、司書教諭・図書館担当教員

講師

ベテランの学校司書・司書教諭

事前課題

各学校におけるオリエンテーションの児童生徒用資料、学校図書館年間計画を持参する。

【研修プログラム】

《本日のめあてと活動の流れ》（5分）

Ⅰ　オリエンテーションをどのようにおこなうか（50分／講義）

Ⅱ　グループ討議（30分）

Ⅲ　まとめの時間（20分／全体討議）

《本日の研修ふりかえり》（5分）

【研修の内容と解説】

Ⅰ　オリエンテーションをどのようにおこなうか

1　学校図書館の使い方

・学校司書の名前
・本の貸し借りの方法
・本の並び方や本の探し方（NDC）
・図書館での決まり
・本を返し忘れたとき
・リクエストとレファレンスなど

2　学校図書館の魅力アピールの場

・はじめて図書館を利用した子どもたちに、図書館の魅力を印象づける。
・読み聞かせ、語り、ブックトークなど、魅力的なプログラムを工夫する。
・図書館が安心できて楽しい場所であることをアピールしたい。

3　情報リテラシーを伝える場

・本の使い方や調べ方など、年1回のオリエンテーションは学び方を知る場となる。

・調べ学習、探究的な学びを通した情報リテラシーの育成は、学年に応じて回数を重ね、定着を図る必要がある。
・学校図書館の活用による学びを視野に入れた学習計画が必要である。

Ⅱ　グループ討議

・各学校でのオリエンテーションについて発表し、意見交換をする（資料交換程度）。
・学年進行によるオリエンテーションの重点などに着目する。
・それぞれの優れた点を全体の場で発表するようまとめる。

Ⅲ　まとめの時間

・グループからの報告
・質疑応答、まとめ

研修プログラム11-2　学校図書館利用指導

研修のめあて

- 学校図書館活用の学習内容を知る。
- 情報活用能力育成のための学校司書の支援内容について知る。

対象者

学校司書（初級）、司書教諭・図書館担当教員

講師

学校図書館支援スタッフ、指導主事

事前課題

自校の学校図書館活用年間計画があれば持参する。

【研修プログラム】

《本日のめあてと活動の流れ》（5分）

Ⅰ　子どもが学校図書館の達人になるために（45分／講義）

Ⅱ　百科事典の利用指導、情報カードの使い方の実習（30分／演習）

Ⅲ　電子メディアの有効的な使い方（15分／講義）

Ⅳ　まとめの時間（10分／全体討議）

《本日の研修ふりかえり》（5分）

【研修の内容と解説】

Ⅰ　子どもが学校図書館の達人になるために

1　児童生徒が義務教育で身につける図書館活用の内容

（1）主体的に図書館を利用できるようになる

・NDCの初歩的な理解ができる。図書館の配架の原則がわかる。
・日常的に読書活動を活発におこない、さまざまな分野の本を知り親しむ。
・読書の楽しみがわかり、読書力をつけ、読みたい本を探せる。

（2）参考図書が使えるようになる

・知識絵本、図鑑、事典、年鑑、統計資料、新聞、地図帳、地球儀などが活用できる。
・自分が知りたい、調べたいものを適切な資料で調べることができる。
・印刷メディアと電子メディアの使い分けができる。

（3）探究的な学びを通して情報リテラシーを獲得する

・探究的な学びの過程を理解し計画を立てることができる（①課題を設定する、②疑問をもとに情報を収集する、③集めた情報を取捨選択する、④得られた情報から自分の疑問に対する答えを導く、⑤調べたことをまとめ発信する）。
・さまざまな資料から自分に必要な情報を抜き出すことができる。
・複数の資料から情報を得て比較検討することができる。
・得た情報を自分の調べる目的に沿って取捨選択することができる。

・出典、資料を引用する場合の著作権について正しい知識をもつ。

2　学校図書館の整備

・図書館が児童生徒の学習にこたえられるよう十分な資料と環境を整備する。
・図書館の利用指導、読書指導、情報活用に関する各種年間指導計画を作成し活用する。
・図書館を使って全学年が計画的、継続的な学習をおこなうよう全校的な学校図書館運営組織を作る。

3　学習指導要領*ではどのように書いてあるか。（以下、抜粋要約）

（1）【総則】

・学校図書館を計画的に利用しその機能の活用を図る。
・学校図書館を児童の主体的で対話的な深い学びの実現に向けた授業改善に生かす。
・児童の自主的、自発的な学習活動や読書活動を充実する。
・地域の図書館や博物館、美術館、音楽堂等の施設の活用を積極的に図る。
・資料を活用した情報の収集や鑑賞等の学習活動を充実する。
・各種の統計資料や新聞、視聴覚教材や教育機器などの教材・教具の適切な活用を図る。
・コンピュータで学習の基盤として必要な情報手段の基本的な操作を習得する。

（2）【国語】

①各学年の目標および内容

学習指導要領
学習指導要領は平成29年3月に告示された小学校2020年度実施、中学校2021年度実施のものを取りあげている。文部科学省ホームページで全文を見ることができる。

・小学校1、2年　図鑑や科学の本などを読む。わかったことを説明。
・小学校3、4年　事典や図鑑などから情報を得てわかったことをまとめて説明。
・小学校5、6年　複数の本や新聞などを利用し調べたり考えたりしたことを報告。
・中学校1年　多様な情報を得て、考えたことを報告、まとめ。
・中学校2年　本や新聞、インターネットなどから集めた情報を活用し、出典をあきらかにし考えたことを説明提案する。
・中学校3年　論説や報道などの文章を比較するなどして読み、理解したことや考えたことについて討論したり文章にまとめたりする。

②指導計画の作成と内容の取り扱い

・学校図書館などを目的をもって計画的に利用しその機能の活用を図る。
・本などの種類や配置、探し方について指導する。必要な本などを選ぶことができるよう配慮する。
・日常生活において読書活動を活発におこなうようにする。
・他教科などの学習における読書の指導や学校図書館における指導と関連させる。

（3）**【社会】**

・地図帳や地球儀、統計、年表などの各種の基礎的資料を効果的に活用し、情報を適切に調べまとめる技能を身につける。
・学校図書館や公共図書館、コンピュータなどの活用。

（4）**【総合】**

・生徒が主体的に情報手段を活用できるようにする。情報モラルの指導も留意する。

・横断的、総合的な学習や探究的な学びを通してみずから課題を見つけ、みずから学び、みずから考え、主体的に判断し、よりよく問題を解決する資質や能力を育成する。
・情報に関する学習をおこなう際には、問題の解決や探究活動に取り組むことを通して、情報を収集・整理・発信したり、情報が日常生活や社会にあたえる影響を考えたりするなどの学習活動がおこなわれるようにする。

Ⅱ　百科事典の利用指導、情報カード*の使い方の実習

・学校司書が百科事典を使いながら、百科事典の利用指導のポイントと情報カード（129ページ）の使い方を体験的に知る。
・実際の児童の学習にあたっては、ポプラ社のホームページに詳しい指導案やワークシートがあり参考になる。百科事典指導の初心者向けである。
・『総合百科事典ポプラディア』*ひとり1巻分と情報カードを用意し配布する。

1　百科事典の利用指導のポイントを確認

（1）百科事典のしくみについて児童に話すポイント

・百（たくさんの）科（分野の）事（事柄を）典（説明している本）
・全巻で1冊の本。1冊にすると不便なので分冊になっている。
・国語辞典と同じ五十音順*になっている。

情報カード
学校で発達段階に応じたカードを作成するとよい。

『総合百科事典ポプラディア　新訂版』
全12巻　ポプラ社　2011年。

国語辞典と同じ五十音順
児童への利用指導として国語辞典と百科事典の引きくらべをして双方の利点や相違点を体験する活動もできる。

・背*、つめ*、はしら*で調べる項目を探し出せる。

（2）任意のページで以下のことを確認する

・項目は見出し語と解説文から成り立っている。
・解説文のはじめは見出し語の定義が書かれている。

（3）情報カードに抜き書きをする

・自分のもっている百科事典から調べたい項目を決めて探す。
・情報カードに抜き書きをする。
・定義はそのままの文章を書き写す（引用）。
・解説文のなかからわかったことを抜き書きする（要約）。
・出典を書く。

Ⅲ　電子メディアの有効的な使い方

・数種の電子メディアを体験する（電子教科書、図鑑、地図など）。
・電子メディアの有効な利用を知る。

Ⅳ　まとめの時間

・本日全体を通しての質疑応答

背
背表紙の五十音を見る。

つめ
背表紙の反対側（小口）についているマークを見る。

はしら
開いたページの左右上にあり、見出し語のそのページの最初と最後を示す。

情報カード　　月　　日　　　　　年　組　名前

調べたいこと	
資料名 書名	ページ（　　　） （発行所・発行年　　　　　　　　）

情報カード　　月　　日　　　　　年　組　名前

しらべたいこと	
資料名 （本の名前）	ページ（　　　） （発行年　　　　）

文と絵で記録できるカード

研修プログラム11-3　学校図書館活用年間計画の作成と教科書

研修のめあて
年間計画の必要性と教科書の単元・教材での学校図書館の活用について学びあう。
対象者
学校司書、司書教諭・図書館担当教員
講師
学校図書館支援スタッフ、指導主事、ベテラン司書教諭、学校図書館に関する研究者
事前課題
自校の学校図書館活用年間計画をもち寄る。

【研修プログラム】
《本日のめあてと活動の流れ》（5分）
Ⅰ　学校図書館活用年間計画の作成と教科書（15分／講義）
Ⅱ　教科書に出てくる図書館利用指導、読書指導、情報活用指導（75分／ワークショップ）
Ⅲ　グループ発表とまとめの時間（10分／全体討議）
《本日の研修ふりかえり》（5分）

【研修の内容と解説】

Ⅰ　学校図書館活用年間計画の作成と教科書

・ここでいう学校図書館活用年間計画とは、読書指導、探究的な学びのプロセスや参考図書の使い方、情報リテラシーなどを含む図書館、資料を使った学習の計画である。
・学習指導要領（２０２０年、２０２１年実施）での授業時数

小学校

	１年	２年	３年	４年	５年	６年
国語時数	306	315	245	245	175	175
総時数	850	910	980	1015	1015	1015

中学校

	１年	２年	３年
国語時数	140	140	105
総時数	1015	1015	1015

（年間35週で計画されているので35で割った数字が週の時数の目安）

・学習指導内容は小学校１・２年、３・４年、５・６年、中学校1年、２年、３年で示されている。全学年を見通して系統的に学べる利用指導計画、読書指導計画、情報活用計画を作ることが必要である。
・低学年のうちは利用指導、読書指導の時間が取りやすい。
・高学年、中学校では全体時数の国語の比率は減り、指導内容は増え、図書館利用の特別な時間は取りにくくなる。

・教科の学習内容に合わせて図書館の利用を進めることがポイントとなる。
・利用指導計画、読書指導計画作成にあたっては、教科書の単元、教材のどこで図書館活用ができるか見極める。
・その年によって学年でやるべきことの漏れがないように全学年を見通した計画を作成する。
・教科書の展開を見ながら教科書にない内容のつけたしや、順序の入れかえも考え年間計画を立てる。
・国語を軸としながら全教科、総合、特別活動などの学習内容も知る。
・全教科・領域の年間の展開を見通すと教科横断的な扱いが可能なところも見えてくる。
・年間指導計画作成は司書教諭の仕事であるが、学校司書が教科書を分析検討しておくことは年間指導計画の作成の資料となる。
・計画は実践によって見直し、更新していく。

Ⅱ　教科書に出てくる図書館利用指導、読書指導、情報活用指導

・自治体採用の国語教科書全学年分を各グループ1セット、全員にワークシートを配布する。
・教科書に出てくる読書指導、図書館利用・情報活用指導の可能な単元や教材を洗い出す。

・年間計画表にあてはめてみる。もち寄った年間計画も参考にする。
・時間に余裕があれば、利用指導として教科書では足りないものを書き出し、表にあてはめてみる。

〔グループ内の分担〕（例　1グループ6人の場合）

①小学校

・ふたりで2学年を担当し教科書を見ながら年間計画表に記入する。
・低学年は年間の読書指導計画をプラスして考えるのもよい。
・6学年分を1グループとして、作成した情報をグループ内で発表し、学年間の調整をする。

②中学校

・ふたりで1学年上下を担当する。
・3学年分を1グループとして作成した情報をグループ内で発表しあう。

Ⅲ　グループ発表とまとめの時間

・グループで作成して気づいたことなど発表する。
・時間があれば他教科での利用指導の経験も発表し交流を図る。
・本日全体を通しての質疑応答
・作成したワークシートをコピーしてもち帰れるようにするか、後日配布する。

国語教科書に出てくる学校図書館活用年間計画ワークシート

小学校・中学校　(　)学年　　出版社(　　　　　)　　月　　日作成　作成者(　　　　　　)

			月	月	月	月	月	月	月	月	月	月	月	月
国語	読書指導	単元教材												
		指導内容												
	利用・情報活用指導	単元教材												
		指導内容												
	備考													

研修プログラム12　学校司書がおこなう調べ学習支援

研修のめあて

- 図書館資料を利用する調べ学習で、学校司書が支援できることを学ぶ。
- 実践報告を聞き、調べ学習の流れをつかむ。
- 児童生徒の主体的な学習を支援するガイド資料としてパスファインダー*の作成と活用を学ぶ。

対象者

学校司書（初級、中級）

講師

講義　学校図書館支援スタッフ、調べ学習の経験豊富な教員

実践報告　学校司書（パスファインダーを作成し、それを活用した調べ学習支援の経験者）

事前課題

- 調べ学習で使用したことのある図書や図書以外の資料、ホームページなどのリストがあれば持参する。
- ない場合は、教科書のいずれかの単元で、自分が用意できる資料を簡単なリストにして持参する。

パスファインダー
あるテーマを調べるときに役立つ図書や新聞・雑誌、ウェブサイトなどの情報と、その探し方を示したガイド資料。網羅的な資料リストではない。

【研修プログラム】

《本日のめあてと活動の流れ》（2分）
Ⅰ　調べ学習における学校司書の役割（30分／講義）
Ⅱ　学校司書の実践例を聞く（25分／実践報告）
Ⅲ　パスファインダーはじめの一歩（40分／ワークショップ）
Ⅳ　講師や実践報告者への質疑応答とまとめ（10分）
《本日の研修ふりかえり》（3分）

【研修の内容と解説】

Ⅰ　調べ学習における学校司書の役割

1　教員（授業者・司書教諭）との連携

・図書館資料を使っての調べ学習は、教員が主となり学校司書との協働でおこなわれる。学校司書が質の高い支援をおこなうためには、しっかりとした打ち合わせが必要不可欠である。
・教員から学校図書館を活用した授業作りの相談があったときは、実際の資料やテーマ別（単元別）図書リスト*、パスファインダーなどを提示しながら、教員の授業計画をサポートする。
・必要な資料の種類や冊数、使用予定期間を確認する。
・授業のねらいに応じた学習資料を、自校の蔵書だけでなく公共図書館や他校からも

テーマ別（単元別）図書リスト
あるテーマに関する図書、もしくは教科単元などで使用できる図書などを幅広く選び、関連項目ごとに書誌情報や所在についてまとめたリスト。

借り受けるなどして、十分にそろえる。
・学習資料には、図書だけでなく雑誌、新聞、視聴覚資料、電子資料、ファイル資料、実物資料などさまざまなメディアがあることを示し、授業のねらいに応じた適切な資料を収集できるよう教員と連携を図る。さらに専門的な内容については、レフェラルサービス*もおこなう。
・各資料の内容だけでなく、その特徴や難易度なども把握し、教員とともに児童生徒の発達や理解度に合った適切な資料提供ができるようにする。
・授業計画のどの段階で資料を提供するか、効果的な紹介のしかたも相談する。
・情報を整理するための情報カード*など必要な資料を準備する。
・学習のまとめ方や形式、発表のしかたなど、授業の最終ゴールを確認する。
・教員は、指導案、使用するワークシートなどを学校司書に提示する。

2　授業での直接的支援

・学校司書は必要に応じてティーム・ティーチング（TT）*による授業支援をおこなう。
・学習期間中は、収集した資料をその学年が優先的に使えるようブックトラックなどに別置する方法がある。教室などへ移動できる利点はあるが、基本的に調べ学習は、資料が身近にある学校図書館内でおこなうことが望ましい。
・児童生徒が必要な資料を直接書架から探し出すためのガイドとして、テーマ別図書リストを提示する。
・児童生徒がより主体性をもって調べるために、手引きとなるパスファインダーを作

レフェラルサービス
学校図書館でのレフェラルサービスとは、教員への資料や情報提供の一環として、ほかの図書館や博物館、専門機関への紹介や問い合わせをおこなうこと。

情報カード
資料を使って調べたときに、テーマや調べたこと、資料名などを記録するためのカード。学校で発達段階に応じたカードを作成するとよい。研修プログラム11-2参照。

ティーム・ティーチング（TT）
「これからの学校図書館担当職員に求められる役割・職務及びその資質能力の向上方策等について（報告）」では、学校図書館担当職員の職務として、ティーム・ティーチングの一員として児童生徒に指導的に関わる

成し、十分に活用できるよう助言する。
・児童生徒からの質問に対し、レファレンスサービスをおこなう。
・口頭による資料紹介をおこなう。とくにブックトークによる紹介*は、授業の導入や発展的な学習のために効果的である。
・図書以外のメディアの提供と各々の検索のしかたを説明する。
・百科事典、年鑑、図鑑、統計資料など参考図書の使い方の指導をおこなう。
・情報の記録のしかたのうち、とくに出典の記録*について説明する。
・著作権に関する注意事項や、引用など情報を活用するうえでの注意を説明する。

3　調べ学習を促すための日常業務

・あらゆる教科に対応できる蔵書構成となるよう心がけ、常に的確な情報を提供できるよう資料研究をおこない、社会の動向にも敏感に対応して資料を収集する。
・教員が教材研究するための資料を収集・整理し、専用の書架を設置するなどして、学校図書館を活用した授業が学校全体に広がっていくよう、教員にも信頼される学校図書館作りをする。
・児童生徒の知的好奇心を損なわないよう利用しやすく、また学校司書に相談しやすい環境を整える。
・テーマ別図書リスト、パスファインダー、情報カード、付箋*、使用した資料を記録するためのワークシートなどを、教員や児童生徒が自由に使えるよう常備する。
・ファイル資料*は、毎年見直し更新する。

学習の支援をあげている。

ブックトークによる紹介
研修プログラム10参照。

出典の記録
出典の記録は著作権の観点から、引用した際には必ず記載しなければならない。また、調べ学習の期間、引用した文章などの情報源がすぐわかるように情報カードに記録する習慣をつけるようにする。

付箋
多くのクラスで同時に調べ学習がおこなわれる場合、利用した図書に名前を書いた付箋を貼ると継続して図書を利用するときに便利である。付箋は、貼ったままにして図書館に返してもらうことで、学校司書はどの図書が活用されたかがわかり、資料の評価につながる。

・ファイル資料は、収集・整理するだけでなく件名をあたえ分類すると探しやすくなる。『基本件名標目表』*などを参考に、わかりやすく適切な言葉（統制語）を使用した件名一覧表*や索引を作成する。

Ⅱ　学校司書の実践例を聞く

・実践報告者はなるべく詳しく、講義のポイントを押さえながら発表する。
・写真や映像などがあるとわかりやすい。
・パスファインダー作成時に苦心したことや、パスファインダーを使ってどのような成果があったかを報告する。

Ⅲ　パスファインダーはじめの一歩

〔パスファインダーの作成を学ぶ意義〕

・パスファインダーは図書にかぎらず、インターネットや新聞、雑誌など多様な資料から調べられるよう、児童生徒の探究的な学びの手助けとなるガイドである。それを手引きとしてみずから資料を探すことで、児童生徒の情報活用能力が培われることが期待される。
・パスファインダーは、児童生徒がはじめて出合う事柄に関しても調べやすいようにまとめられている。

ファイル資料
パンフレット・リーフレットなどのほか、新聞や雑誌の切り抜きなど、多様な資料がある。件名を付与し、主題ごとに整理すると利用しやすい。研修プログラム3、研修プログラム4-2参照。

『基本件名標目表』
主題で検索するときに用いる統制された言葉（件名）を、音順または分類記号順など体系的に配列したもの（参考文献67ページ）。

件名一覧表
主題で分類されたファイル資料を探す手立てとして、件名の一覧表があるとわかりやすい。研修プログラム4-2を参考にするとよい。

・ここでは調べ学習の授業で学校司書ができる支援のひとつであるパスファインダー作成の基本を学ぶ。

〔作業の説明と記載〕

パスファインダー作成用紙と記入例（144ページ）を配付し、記入例に沿って講師が説明をおこなう。受講者は、各自持参したリストを見ながらワークシートに記入する。

1　作成の形態

さまざまな形態があるが、今回は1枚のリーフレットに仕上げる。

2　作成の手順と留意点

（1）テーマと対象学年の設定

・学校で必要とされるテーマを、教科書や過去の調べ学習のなかから探し、対象学年に合わせた端的な言葉で表す。単元名でもよい。

・同じテーマ設定でも、学ぶ学年によって資料は大きく異なるので、対象年齢を設定したうえでわかりやすい言葉を選び、ルビをふるなど留意して記載する。

（2）テーマについての説明

・テーマの定義や概要、学習のめあてがわかる記述があるとよい。教科書の単元に関する説明があると、学習とのつながりがあり、わかりやすい。

（3）キーワードの選定

・調べる手がかりとなるキーワードを選定し、記載する。

・キーワードはそのテーマの何を調べるのか、内容や範囲などで選定される言葉が異なる。教科単元に関連したパスファインダーを作る場合には、教科書や副教材などから重要な用語を探す。

・思いつきの言葉ではなく、辞書や事典、件名標目表から選ぶ。

（4）テーマに関連した参考図書の紹介

・テーマを理解するための資料として、国語辞典、用語辞典、百科事典、図鑑、年鑑、白書、統計資料などの参考図書を記載する。

（5）テーマに関連した図書の紹介

・テーマに関して詳しく調べるための図書や、知識を深めるための図書資料を数冊、所在記号とともに記載する。

・児童生徒が主体的に探すためのガイドであるから、関連図書を網羅的に記載するのではなく、さまざまな観点から選択した図書資料を紹介するようにする。

（6）新聞記事の紹介

・縮刷版、新聞記事検索のデータベースのほか、自校で作成している新聞ファイルから関連記事の情報を記載する。

（7）インターネットでの検索

・関連するウェブサイトの情報を掲載する。キッズページなど年齢に合った情報提供を心がける。

（8）その他のメディアの紹介

・ＤＶＤ、雑誌記事、パンフレット・リーフレット・広報誌ほか、関連した情報ファイル資料を記載する。

3　パスファインダーの完成

・ワークシートをもち帰り、記入できなかった項目に情報を記載し、パスファインダーを完成させる。

4　パスファインダーの更新

・蔵書の更新に合わせ、パスファインダーも常に新しい情報が記載されているように内容を更新する必要がある。
・ウェブサイトのＵＲＬは変更されることもしばしばあるので注意する。

Ⅳ　講師や実践報告者への質疑応答とまとめ

・講師と実践報告者は、調べ学習支援全般に関する質問に答える。
・パスファインダー作成後の活用について助言があるとよい。

〈参考文献〉

『パスファインダーを作ろう　情報を探す道しるべ』（学校図書館入門シリーズ12）石狩管内高等学校図書館司書業務担当者研究会　全国学校図書館協議会　２００５年。パスファインダー作成の手順などがわかりやすく書かれている。学校図書館での例もたくさん紹介されている。

『**パスファインダー作成法　主題アクセスツールの理念と応用**』鹿島みづき　樹村房　２０１６年。パスファインダー作成のための手引書。専門的で非常に詳しい。

『**授業にいかす情報ファイル**』（はじめよう学校図書館６）藤田利江　全国学校図書館協議会　２０１１年。ファイル資料の集め方、整理のしかた、活用のしかたなどが詳しくまとめられており、実践に役立つ。24～27ページには、パスファインダーの作成と活用が載っている。作成時の参考になる。

『**学校図書館メディアの構成**』（司書教諭テキストシリーズⅡ２）小田光宏編　樹村房　２０１６年。115～117ページ。小学校図書館のパスファインダーの一例が載っている。

『**学校図書館学びかたノート**』徳田悦子編　全国学校図書館協議会監修　全国学校図書館協議会　２０１９年。学校図書館を活用した調べ方や、情報のまとめ方、発表のしかたなどが、多くのワークシート例とともに記載されている。記入式のノート。

『**学びを拓く授業モデル**』（学校図書館から教育を変えるⅢ）五十嵐絹子・藤田利江編著　国土社　２０１４年。84～86ページ。参考図書リストの活用やブックトークの準備の様子など学校司書ができる調べ学習支援の様子が伝わってくる。172～185ページでは授業で活用される図書館作りへの思いが書かれている。

パスファインダー　記入例

5年生　科目　理科「　台風と天気の変化　－天気を予想しよう－　」に関するパスファインダー

1. 学習のめあて

1．台風や天気の変化など気象観測について学ぶ
2．自然災害にそなえる知識を得る

2. 手がかりとなるキーワード

気象、台風、天気予報、気象観測、積乱雲、雲、雨、異常気象、自然災害、防災、ハザードマップ

3. 参考図書（事典・辞書・年鑑・図鑑・白書など）

分類番号	書名
R050　い	調べる学習子ども年鑑　2019
R450　ち	地球（学研の図鑑 LIVE12）

4. 図書

分類番号	書名
451　た	空の探検記
451　い	異常気象
451　く	見えない大気を見る
369　ぼ	気象災害　そのときどうする？

5. 新聞記事

日付	見出し	新聞名
2019/8/17	熱中症ゼロへ	○○新聞

6. インターネット

サイト名	URL
気象庁はれるんランド	https://www.jma.go.jp/jma/kids/
日本気象協会	https://www.jwa.or.jp/

7. その他のファイル資料（DVD、パンフレット、雑誌記事など）

「気象庁のしごと」（パンフレット）

研修プログラム13　レファレンスサービス

研修プログラム13-1　参考図書（レファレンスブック）を知る

研修のめあて

- 基本的な参考図書を知る。
- 資料を実際に利用してその特徴を知る。

対象者

学校司書（初級、中級）

講師

学校図書館支援スタッフ、公共図書館職員、図書館情報学教員

事前課題

レファレンスサービスのテキストブックに掲載されている事例や、児童向けの百科事典や国語辞典、年鑑などを使う事例のレファレンス課題について回答を作成し、記録票（151ページ）に記入する。

〔事例が掲載されているテキストブック〕

- **『実践型レファレンス・サービス入門　補訂2版』**（JLA図書館実践シリーズ1）斎藤文男・藤村せつ子　日本図書館協会　2019年。「Ⅱ部　事例で学ぶレファレンス・サービスの現場」に「レファレンス事例50題」が掲載されている。
- **『問題解決のためのレファレンスサービス　新版』**長澤雅男・石黒祐子　日本図書館

協会　２００７年。「第Ⅱ部　レファレンス質問とその解答事例」に、レファレンスブックの種類別の質問と解答例が掲載されている。

〔**課題例と使用する参考図書の種類**〕

基本的な参考図書を使って調べる問題を選ぶ。

Q　ヒマワリを国花としている国はどこか……百科事典、図鑑

Q　十二支の由来を知りたい。また、「亥《いのしし》」の由来や字の成り立ちについても知りたい……国語辞典、漢和辞典

Q　東京―ソウル間の距離が知りたい……理科年表

Q　時代劇に出てくる銭形平次は実在の人物か……人物事典

【研修プログラム】

《本日のめあてと活動の流れ》（5分）

Ⅰ　レファレンスサービスの基本（40分／講義）

Ⅱ　事前課題についての検討（30分／グループ討議）

Ⅲ　課題についての解説、役に立つ資料の紹介（30分／講義）

《本日の研修ふりかえり》（5分）

【研修の内容と解説】

Ⅰ　レファレンスサービスの基本

1　レファレンスサービスの定義

（1）レファレンスサービスとは*

利用者の情報（源）要求に対し、その必要とする情報（源）を効率よく入手できるよう援助するサービスであり、そのために資料を準備したり作成したりするなどの業務を含む。

（2）参考図書（レファレンスブック）とは*

特定の事項を容易に参照できるように多数の項目見出しを設け、それを一定の順序（五十音順、年代順、地域順など）に配列・編集した図書のことをいう。

2　レファレンスサービスのプロセス*

（1）質問・相談の受付（レファレンスインタビュー）

質問者の知りたいこと、求める情報を詳しく知るため、以下の項目について質問（インタビュー）をおこなう。

・疑問点の出所は何か。
・質問の動機、理由は何か。
・すでに調査済みのことはあるか。
・すでに知っていることはあるか。

レファレンスサービスとは
「事例が掲載されているテキストブック」『問題解決のためのレファレンスサービス　新版』20ページ（ブックリスト186ページ）。

参考図書（レファレンスブックス）とは
『問題解決のためのレファレンスサービス　新版』119ページ（ブックリスト186ページ）。

レファレンスサービスのプロセス
『学習指導・調べ学習と学校図書館　改訂版』48～52ページ（ブックリスト186ページ）。

・どんな回答が必要か（データ、図書など）。

（2）質問の分析

インタビューによって得られた情報により、探索の道筋を考える。

（3）手順・処理時間などについての見通しを相談者に伝える

（4）調査（ツールの選択、目録などの検索、図書などの参照）

（5）回答（結果、用いた資料）

（6）調査・回答の評価

3　児童生徒へのレファレンスサービス*

（1）学習課題についての質問

・回答を示すことができるとわかっていても、調べる手順を示し、児童生徒自身で調査を進められるようにする。

・質問者の調べものに対する技術のレベルや経験に配慮し、調査の経験の少ない児童生徒には具体的な調査方法を示す必要がある。

・最終的に質問者が満足できる調査結果が得られたかどうかを確認する。

・児童生徒の場合、知りたいことを十分表現できないことが多いため、ていねいにインタビューをする必要がある。

（2）学習課題によらない質問

・とくに自分で調べたいという希望がなければ、直接回答を示してもよい。

・学校図書館の資料では回答できない場合もあるため、場合によっては公共図書館へ

児童生徒へのレファレンスサービス
『学習指導・調べ学習と学校図書館　改訂版』53〜54ページ（ブックリスト186ページ）。

の調査依頼をおこなう。

4　教職員へのレファレンスサービス*

（1）教科に関する質問、資料収集

・すぐに回答（準備）できるもの、時間のかかるものがあるため、学校図書館活用年間計画などにより早めに進められるようにする。

・ホームページ「先生のための授業に役立つ学校図書館活用データベース*」には、全国の事例が紹介されているため、参考にするとよい。

（2）研究に関する質問

・学校図書館の資料では回答できない場合が多いため、公共図書館にも調査を依頼する。

・国立国会図書館（国立国会図書館サーチ）や東京都立図書館のデータベースを利用し、雑誌記事や図書を検索して所蔵館を調べ、入手方法を案内することもできる。

Ⅱ　事前課題についての検討

・各自が作成した回答、探索方法、使用した資料について発表しあう。

・よりよい探索方法やその他の資料などについて検討する。

教職員へのレファレンスサービス
『学習指導・調べ学習と学校図書館　改訂版』55～56ページ（ブックリスト186ページ）。

先生のための授業に役立つ学校図書館活用データベース
東京学芸大学学校図書館運営専門委員会によるホームページ。全国の学校図書館の活動が紹介されている。

Ⅲ　課題についての解説、役に立つ資料の紹介

・課題について、回答と解説をおこなう。そこで使用する参考図書についても説明する。
・レファレンスサービスについての参考文献も紹介する。

レファレンス記録票（様式例）

<table>
<tr><td>件名・キーワード</td><td colspan="2">ヒマワリ　国花</td><td>教科</td><td>理科、社会</td></tr>
<tr><td>受付日</td><td>年　月　日</td><td>質問者</td><td colspan="2">児童（　年）　教員</td></tr>
<tr><td>質問内容</td><td colspan="4">ヒマワリを国花としている国はどこか。</td></tr>
<tr><td>調査済みの事項</td><td colspan="4"></td></tr>
<tr><td>回答</td><td colspan="4">資料によってさまざまであるが、以下の国名が掲載されていた。
アゼルバイジャン、ウクライナ、ハンガリー、ペルー、ロシア</td></tr>
<tr><td rowspan="5">提供した資料</td><td colspan="2">書名</td><td>出版社</td><td>請求記号</td></tr>
<tr><td colspan="2">玉川児童百科大辞典　7植物</td><td>誠文堂新光社</td><td>030 タ</td></tr>
<tr><td colspan="2">世界の国花（カラーブックス）</td><td>保育社</td><td>627 メ</td></tr>
<tr><td colspan="2">世界の国旗ビジュアル大事典（第2版）</td><td>学研教育出版</td><td>288 フ</td></tr>
<tr><td colspan="2"></td><td></td><td></td></tr>
<tr><td>回答プロセス</td><td colspan="4">1　百科事典で「ヒマワリ」「国花」を調べる。
・「ヒマワリ」の項目には国花の記載なし。
・「国花」の項目には国名と国花の一覧表があるが、ヒマワリがない。
→『玉川児童百科大辞典　7植物』の「国花」の項目でハンガリー、ペルーとわかる。

2　市立図書館の蔵書検索で「国花」を「書名」「全項目」で検索する。
・書名検索で『世界の国花』が見つかる。ペルー、ロシアとわかる。
・全項目検索で『世界の国旗ビジュアル大辞典』が見つかる。アゼルバイジャン、ウクライナとわかる。</td></tr>
</table>

研修プログラム13-2　レファレンスインタビューの実際

研修のめあて

レファレンスインタビューの方法について学ぶ。

対象者

学校司書（初級・中級）

講師

学校図書館支援スタッフ、公共図書館職員、図書館情報学教員

【研修プログラム】

《本日のめあてと活動の流れ》（5分）

Ⅰ　レファレンスインタビューの方法（25分／講義）

Ⅱ　レファレンスインタビュー演習（60分／演習）

Ⅲ　発表、講評（15分）

《本日の研修ふりかえり》（5分）

【研修の内容と解説】

Ⅰ　レファレンスインタビューの方法*

1　レファレンスインタビューの重要性、意味

・レファレンスインタビューは、質問を受けたときに、質問の内容をより明確にし、質問者が必要としている資料を探索するための手がかりを得るためにおこなう。

・質問者は、はじめから明確な事柄について聞いてくるわけではなく、漠然としていたり、より大きな概念について聞いてきたりすることが多い。そのため、細部について聞き出すことで、本当に知りたいこと、必要な情報は何であるかをあきらかにしなければならない。

2　レファレンスインタビューをする際のポイント

・コーチングの技術が役立つ（傾聴する）。

・目線の高さを合わせる。

・会話の速度を合わせる。

・知らないことについては、質問者に聞いてみる。

・相づち、うなずきを入れながら聞く。

・相手のいうことを復唱し、確認しながら聞く。

・調べることになったきっかけやすでに調べたことについても聞く。

レファレンスインタビューの方法
『学校図書館で役立つレファレンス・テクニック　調べる面白さ・楽しさを伝えるために』38～46ページ（ブックリスト186ページ）。

Ⅱ　レファレンスインタビュー演習

・ふたり1組で質問者と学校司書の役を決める。
・質問者は課題についての「最初の質問」をする。課題は学校司書役には教えずに、インタビューによってあきらかにしていく。
・インタビューで聞き出したことを記録票に記入する（156ページ参照）。
・課題があきらかになったら、役割を交代して新たな課題についてのインタビューをおこなう（以上をくり返す）。
・各自、記録票に記入した内容をもとに、探索の戦略を立てる。
・おたがいに自分の立てた戦略を見せあい、ふたりで検討する。
・6人のグループになり、各自の課題と探索戦略について発表する。

〔**課題と最初の質問の例**〕*
課題と合わせて「最初の質問」も作成して配布する。
・**課題1　昔と今の米作りの農機具の写真が載っている本があるか**
最初の質問　農業についての本はありますか。
・**課題2　コンビニエンスストアの商品の流れについて知りたい**
最初の質問　コンビニの本はありますか。
・**課題3　アンネのバラの写真が見たい**
最初の質問　アンネ・フランクについての本はありますか。

課題と最初の質問の例
研修13-1の事前課題を使用することができる。また、参加者が自校の事例をもち寄ってもよい。

Ⅲ　発表、講評

・各グループから、ひとつずつ選んだ課題について発表する（インタビューの内容、探索戦略）。

・講師は発表について講評をおこなう。

・質疑応答をおこなう。

レファレンスインタビュー記録票（記入例）

質問内容	**最初の質問** 農業についての本はありますか。 **質問応答内容** Q 農業のどんなことを調べたいのですか。 A 農業で使う道具のことを調べています。 Q 道具といってもいろいろありますが、どんな作業で使う道具ですか。 A 米作りで使う農機具です。 Q 今使われている機械やトラクターのような車ということですか。 A 昔の農機具と今の農機具が両方載っている本を探しています。 できれば写真が載っているものがほしいです。 **調べること** ・米作りの農機具について、昔と今のものを両方調べたい。 ・写真が載っている本
調査済の事項	・「社会」や「産業」の棚を見たが、どの本に載っているかわからなかった。 ・インターネットで検索したが、うまく出てこなかった。
探索戦略	1．百科事典で「米」「農機具」を調べる。 2．「農業」「米」をキーワードに、農業（分類610）の棚で本を探す。 3．「昔の道具」をキーワードに、民俗（分類380）の棚で本を探す。 4．「日本の歴史」（分類210）の棚で、稲作の歴史についての本を探す。

研修プログラム14　学校図書館と子どもとのかかわりを考える

学校図書館に学校司書がいることは、利用者である子どもたちに安心感をあたえ、読書や学びに対する意欲の喚起につながる。しかし、経験の浅い学校司書にとって、子どもを理解し、適切な対応をすることは難しい。どう接してよいか、戸惑う場合も少なくないだろう。ここでは、子どもの発達について学び（14-1）、困難をかかえた子どもの実態について触れる（14-2）。この研修によって子どもとのかかわりがより円滑になることを目指したい。

研修プログラム14-1　子どもの発達と課題

研修のめあて

一般的な児童生徒の発達の様子を知り、子どもたちとのよりよいかかわり方を知る。

対象者

学校司書（初級）

講師

指導主事、子どもの心理に詳しいベテラン教員、ベテランの司書

事前課題

事前アンケート（162ページ）へ記入してくる。

【研修プログラム】

《本日のめあてと活動の流れ》（5分）

Ⅰ　子どもの発達と学校司書のかかわり（50分／講義）

Ⅱ　グループ討議（30分）

Ⅲ　まとめの時間（20分／全体討議）

《本日の研修ふりかえり》（5分）

【研修の内容と解説】

Ⅰ　子どもの発達と学校司書のかかわり

1　年齢、学年による子どもの発達の道筋*（学童期～青年期）

〔小学校低学年〕

・大人のいうことを守るなかで、善悪の理解と判断ができるようになる。

・言語能力や認識力も高まる。

・自然などへの関心が増える。

・家庭における子育て不安や、交流や自然体験の減少などから、精神的に不安定さをもち、人間関係を構築できず集団生活になじめない「小1プロブレム」というかたちで、問題が顕在化することがある。

子どもの発達の道筋

子どもの徳育に関する懇談会「審議の概要」「3．子どもの発達段階ごとの特徴と重視すべき課題」（2009年）。文部科学省のホームページに掲載されている。

〔小学校高学年〕
・幼児期を離れ、物事を対象化して認識することができるようになる。
・知的な活動においてもより追究が可能となる。
・自分のことも客観的にとらえられるようになる一方、個人差も顕著になる（いわゆる「9歳の壁」）。
・身体も大きく成長し、自己肯定感をもちはじめる時期だが、肯定的な意識をもてず、劣等感をもちやすくなる時期でもある。
・集団の規則を理解して、集団活動に主体的に関与し、遊びなどでは自分たちで決まりを作り、ルールを守るようになる。
・ギャングエイジともいわれるこの時期は、子どもの仲間集団が発生し、付和雷同的な行動が見られる。
・インターネットなどを通じた擬似的、間接的な体験が増加する反面、人やもの、自然に直接触れるという体験活動の機会の減少がある。

〔青年前期中学校〕
・思春期に入り、自分独自の内面の世界があることに気づきはじめる。
・自意識と客観的事実との違いに悩み、みずからの生き方を模索しはじめる。
・大人との関係よりも、友人関係に強い意味を見い出す。
・親に対する反抗期を迎え、コミュニケーションが不足しがちでもある。
・仲間同士の評価を強く意識する反面、他者との交流に消極的な傾向も見られる。
・性意識が高まり、異性への興味関心も高まる時期である。

・問題行動などが表出しやすく、不登校の子どもの割合の増加や、引きこもりの増加といった傾向が見られる。

2　学校司書としての子どもへの接し方の一例

・「学校司書は学びと資料について相談できる人」という子どもからの信頼を勝ち取る。
・図書館に必要な最小限のルール（約束）を定め、掲示などで提示して、守らせる。
・発達は社会的な条件や環境によって左右され、個人差も大きいことを心得て、子どもを評価しない身近な大人として子どもに寄り添う。
・問題をかかえた子どもについては、担任や関係職員と連携し、個人に応じた対応をする。
・職員のひとりとしての立場で、校内に相談できる人や部署を複数見つけておく。
・子どもを見守る大人として、いじめや虐待などについても、敏感でありたい。

Ⅱ　グループ討議

・アンケートをもとに、子どもとの接し方について考えあう。

Ⅲ　まとめの時間

・話しあいの結果の発表
・質疑応答
・講師のまとめ

子どもの発達と課題　事前アンケート

1．日ごろ子どもたちに接していて、困ったこと対応が難しいと感じたことがあれば、具体例をあげてください。

2．逆に、こんなことで子どもと心が通いあったという例をあげてください。

3．勤務校において、ユニバーサルデザインを意識しておこなっていること、とくに図書館でおこなっていることをあげてください。

・設備について

・資料・情報

・心の面から

・その他

研修プログラム14-2　図書館の利用に困難のある子どもと向き合う

研修のめあて
日常生活で困難をかかえた子どもや、読むことに困難をかかえた子どもについて知り、だれもが使いやすい学校図書館の構築を目指す。
対象者
学校司書、司書教諭・図書館担当教員
講師
指導主事、特別支援学級のベテラン教員など
事前課題
・事前アンケート（162ページ）への記入。
・障害のある児童生徒に向けたツールがあれば持参する（施設設備の写真なども含む）。

【研修プログラム】
《本日のめあてと活動の流れ》（5分）
Ⅰ　だれもが使いやすい図書館とは（50分／講義）
Ⅱ　グループ討議（30分）
Ⅲ　まとめの時間（20分／全体討議）
《本日の研修ふりかえり》（5分）

【研修の内容と解説】

Ⅰ　だれもが使いやすい図書館とは

ひとりひとりの不便に向き合い、子どもたちを支援できる図書館の構築。

2004年、発達障害者支援法*が制定され、発達障害に対する学校での支援の必要が法として示された。また、障害のある児童生徒の支援をさらに充実していくことを目指し、2007年には、「特別支援教育」が学校教育法に位置づけられた。学校図書館でも、すべての子どものひとりひとりの教育的ニーズにこたえ、円滑に図書館を利用できるよう支援したい。

1　障害について知る

(1) 障害者とは

・「人間的なニーズ（要求）を満たすのに特別な困難を持つ普通の市民*」が障害および社会的障壁*によって継続的に日常生活や社会生活に相当な制限を受ける状態にある場合、その人を障害者と呼ぶ。

・身体障害、知的障害、精神障害、発達障害*などが障害としてあげられる。

・発達障害には、精神遅滞、広汎性発達障害（自閉症、アスペルガー症候群を含む）、学習障害*（LD）、注意欠陥多動性障害（ADHD）などがある。

(2) 健常児とされる子どものなかにも

発達障害者支援法
平成16年12月10日法律第一六七号。

人間的なニーズ（要求）を満たすのに特別な困難を持つ普通の市民
国連「国際障害者年行動計画」（1979年事務総長報告）。

社会的障壁
「障害者基本法」第2条2項。国連「障害者の権利に関する条約」（2006年採択）。

発達障害
厚生労働省ホームページ「発達障害者支援施策」からパンフレット「発達障害の理解のために」がダウンロードできる。

学習障害（LD）
基本的には全般的な知的発達に遅れはないが、聞く、

・虐待、いじめ、学校との不適合などによる不登校や発達遅滞のある子ども
・外国とつながりのある子ども
・ＬＧＢＴの子ども
など日常生活や、本を読むことへの困難に直面している子どもがいると考えられる。

2　学校図書館における対応

（1）バリアフリーを目指す資料の収集

・障害についての本、障害のある人が主人公の物語、ユニバーサルデザイン、バリアフリーなどバリアの解消を目指した本を収集し閲覧できるようにする。
・収集にあたっては、目立つ場所への設置を避けるなど、差別やいじめにつながらないよう細心の配慮がほしい。
・資料の収集と同時に、読み聞かせや日々の学びのなかで、心のバリアフリーについても伝えたい。

（2）障害のある子ども、困難に直面している子どもとの接し方

・ひとりひとりの困難に寄り添い、相手の身になって相談に応じる。
・対応が難しい子どもについては、担任、関係職員と協力していねいに対応する。

（3）バリアの少ない図書館を目指して、準備したいさまざまなツールの例

・学校図書館が、これらすべてを準備する必要はない。しかし、学校司書は実物を示し教職員に対してバリアフリーについて資料提供や提案ができる力量をもちたい。

話す、読む、書く、推論する能力のうち特定のものの習得と使用に著しい困難を示すさまざまな状態を指す。

①パソコン、タブレットなどの機器を使う

・動画、音声などの利用

・マルチメディアＤＡＩＳＹ*（デイジー）

・読みあげアプリ

・フォントの大きさ、文字の色の変更、反転など

・多言語対応のＰＣの設置

②読みやすさ、わかりやすさを補う

・ＬＬブック

・絵記号（ピクトグラム）を併記した本

・写真だけで説明する本

・布絵本、さわる絵本

・リーディングトラッカー*

・おたよりなどでのフリガナ

・読みの困難をともなう子どもに対しての読みのメカニズムの理解援助

③聴覚障害に対して

・耳マーク

・筆談ボード

・手話でのアプローチ

・手話つきＤＶＤ

④セクシュアルマイノリティに対しての図書館の役割

マルチメディアＤＡＩＳＹ（デイジー）
視覚障害者や、印刷物を読むことが困難な人々のためのデジタル録音図書の国際標準規格。読むことが困難な人々へのマルチメディアＤＡＩＳＹ（デイジー）図書の有効性が近年着目されている。

リーディングトラッカー
定規に窓をあけたツールで、読みたい行だけに視点を集中し文字を読むことができる。

・関連の本をそろえ、目立たない場所でそっと読めるような工夫

⑤母語が日本語でない子ども（図書館を母文化に触れられる場所に）

・母語、母国語で書かれた本
・母国のさまざまな産品
・辞書

⑥ユニバーサルデザインの採用

Ⅱ　グループ討議

・アンケートから、対応に困った子どもや、かかわり方が改善した事例などを話しあう。
・障害のある子どもに対して効果的なツールや工夫についてまとめる。
・そのほか全体で発表したい事例や質問したい事例を司会者はまとめておく。

Ⅲ　まとめの時間

・各グループから発表をおこない、意見感想を述べあう。
・質疑応答
・講師のまとめ

【中級以上対象の発展研修】

・特別支援学校を見学するとよい。

・優れた実践がある場合には、講義を実践発表に代替できる。

・グループ活動の課題を、グループごとに別にすることによって、障害者サービスや、困難に直面した子どもへの対応についての研究を深めることができる。

〔グループ別課題例〕

・ＬＬブック

・さわる絵本と布絵本

・多様性にかかわる本のリスト作り

・読めない子どもへの対応

・現在かかわっている子どもの事例など

〈参考文献〉

『児童サービス論　第2版』（ライブラリー図書館情報学7）金沢みどり　学文社　２０１４年。児童サービスについて網羅した本であるが、子どもの発達についてていねいな説明がある。

『1からわかる図書館の障害者サービス　誰もが使える図書館を目指して』佐藤聖一　学文社　２０１５年。図書館として必要な障害者に対する基本的な知識が簡潔に書かれている。

『多様性と出会う学校図書館　一人ひとりの自立を支える合理的配慮へのアプローチ』野口武悟・成松一郎編著　読書工房　２０１５年。学校図書館がひとりひとりの子どもにどのように寄り添い、どのようにサポートするかを示す。

研修プログラム15　広報

研修のめあて
図書館の広報（ＰＲ）の意義と目的を知り、今後の広報活動を充実させる。
対象者
学校司書、司書教諭・図書館担当教員
講師
一定の経験をもつ学校司書・司書教諭、自治体の広報担当者など
事前課題
・図書館だよりと、その他のＰＲ活動の様子がわかる写真などを持参する。
・広報について、日常の疑問や困っていることをまとめておく。

【研修プログラム】
《本日のめあてと活動の流れ》（5分）
Ⅰ　学校図書館の広報活動の目的と方法（50分／講義）
Ⅱ　実践交流（25分／グループ活動）
Ⅲ　明日からの活動のために（25分／全体発表と講義）
《本日の研修ふりかえり》（5分）

【研修の内容と解説】

Ⅰ　学校図書館の広報活動の目的と方法

1　広報活動に対する期待

・図書館の日々の活動を広報する。
・利用者の「知りたい」「学びたい」という欲求にこたえる情報を提供し、利用促進につなげる。
・教職員に対して、学校図書館の可能性を示し、活用のための情報を提供する。

2　広報の手段

（1）図書館だより

・教職員向けと児童生徒向けに分ける。
・教職員向けのたよりは、学校図書館の利活用のための重要な情報提供源となる。
・教職員向けのたよりの内容は、勤務校の実態に合わせ、啓蒙的な内容から授業のヒントとなる新情報まで、工夫が必要となる。
・取材などもていねいにおこないたいが、現状では効率よく短時間で作ることが必須である。
・利用者とのコミュニケーションのきっかけとなる重要なツール。定期発行が望ましい。

〔図書館だよりを一から作る場合の確認事項〕

①共通で理解しておくこと

・図書館だよりは、学校の広報物である。図書館長である校長には発行前に見てもらう。
・作成者および配布対象（児童生徒、教職員、保護者、地域など）
・大きさや形式（リーフレット、パンフレット、紀要、新聞など）
・発行頻度（月報か四季報かなど）、発行時期（必ず守り、不定期にしない）

②まず作るためには

・前任者や他校の図書館だよりのまねから始める。
・学年だより、学校だよりなどへ記事を載せることから始めることもある。
・新着図書や貸出の多い本の情報などは、興味をもって読まれることが多い。

③少し慣れたらさまざまな挑戦をする

・読み手の学年や興味関心を意識した紙面作りを考える。
・イベントや季節の情報などを発信する。
・必要な情報をもっている人を見つけて、協力を仰ぐ。

(2)　ホームページ

・学校ホームページに、学校図書館のページを設けてもらい、図書館の様子を伝える。
例　蔵書数、図書館運営組織、児童生徒（図書委員会など）の活動、図書館利用状況、活動事例、ボランティア活動、学校図書館内の環境、学校図書館の設備（広さ）、学校図書館運営計画など。
・写真にコメントをつけて載せるだけでも、図書館の様子を伝えることができる。

（3）放送、映像を使う広報

・朝の時間や給食の時間を使った朗読や、本の紹介など、工夫しだいで新鮮でインパクトのある広報活動ができる。

・事前準備や協力者（図書委員会、放送委員会、児童会、生徒会など）との連携など、組織的取り組みが必要

（4）その他さまざまな利用促進の活動について

・創意工夫に富んだ活動が可能なので、条件が許せば実施する。

例　読書週間でのイベントなど読書行事、季節や校内行事と関連づけた展示、地域と結びついた活動など。

3　だれに何を広報（PR）するのか

（1）児童生徒に向けて伝える

・読書の魅力

・図書館利用の方法とスキル

・資料や本に関する情報など

（2）教職員に向けて伝える

・学校図書館は情報センターであり、学習に役立つ場である。

・図書館は、常に児童生徒、教職員に開かれている。

・図書館を利用した学びの必要性と基本的ルール

・資料や本に関する情報など

（3）保護者・地域に伝える

・学校図書館は従来とは違った新たな役割をもつ。
・学校図書館の日々の活動

4 どう伝えるのか

・わかりやすく、多様な観点から
・著作権*やプライバシーへの配慮*を忘れてはならない。
・作品や肖像の公開はできるだけ避け、掲載が必要な場合は、児童生徒本人と保護者の許可を取る。

著作権
「著作権情報センター」のサイトがわかりやすい。

プライバシーへの配慮
研修プログラム1 Ⅱ（3）守秘義務を参照。

Ⅱ 実践交流

・もち寄った図書だよりを読みあい、悩みや疑問、よいと思う記事について話しあう。
・図書だより以外の広報活動についても話しあう。
・全体で発表したいことをまとめる。

Ⅲ 明日からの活動のために

・各グループからの発表

・講師からのまとめ

【中級以上対象の発展研修】

・講師を学校司書から選び、図書館だよりに関する実践発表をおこない、交流に時間をかける。
・図書館だより以外のＰＲ活動に特化した発表や交流
・自治体や地域との協働でおこなう読書イベントの企画案を作成する。

〈参考文献〉

『作ろう！わくわく図書館だより』太田敬子　全国学校図書館協議会　２０１７年。図書館だよりの作り方が一からわかる。

『学校図書館、まずはこれから』（はじめよう学校図書館１）中村伸子　全国学校図書館協議会　２０１２年。学校図書館の役割と仕事の基本をわかりやすくていねいに解説している。

『学校図書館が動かす　読書イベント実践事例集』牛尾直枝・高桑弥須子編著　少年写真新聞社　２０１６年。規模も教科もさまざまな読書イベントを紹介している。イベント企画の参考にしたい。

『読みたい心に火をつけろ！　学校図書館大活用術』木下通子　岩波書店　２０１７年。学校司書として実践を積み重ねた著者が語る数々のエピソード。３章は「地域で『読む』を支える」と題した活動の紹介となっている。

『最先端の図書館づくりとは？』（シリーズ・変わる！学校図書館３）門内輝行監修　ミネルヴァ書房　２０１８年。「ブックワールド」という名の学校図書館を作った、京都市立洛央小学校の取り組みを伝える。

『学校司書・司書教諭・図書館担当者のための学校図書館スタートガイド　サンカクくんと問題解決！』

学校図書館スタートガイド編集委員会編著　少年写真新聞社　２０１５年。ますます重要度が高まる学校図書館だが、担当者の悩みはつきない。学校図書館本来の姿にちかづけるためのガイドブックである。

図書館だより（中学校の例）

図書館だより

学校図書館のニュースや、新しく入った本、おすすめの本などをお知らせします！

Q. オリエンテーションって何ですか？

A. 図書館のきまりやマナー、かしこい使い方、便利なつかいみちを知ってもらう時間です。

4月、5月の図書館の利用

２G・３G　オリエンテーション
１G　オリエンテーション
１ＡＢ　オリエンテーション
２ＡＢＣ　総合「職場体験事前学習」
３ＡＢ　総合「修学旅行事前学習レポート作成」

図書館からの資料提供

１～３G　校外学習事前学習「江戸時代の生活」
　　　　校外学習事後学習「防災リュックの中身は？」
２ＡＢＣ　家庭科「お弁当のレシピ」
各クラス学級文庫に１０冊貸出。

新しく「R参考図書」の書架を置きました

カウンターの右側（昨年度雑誌コーナーだった場所）に新しい書架が入りました。
調べ物をするときにまず使う**参考図書**＝「国語辞典」「百科事典」を集めてあります。
「広辞苑第７版」も入りました。
雑誌は向かい側に移動しました。どちらも貸出しません。図書館で利用してください。

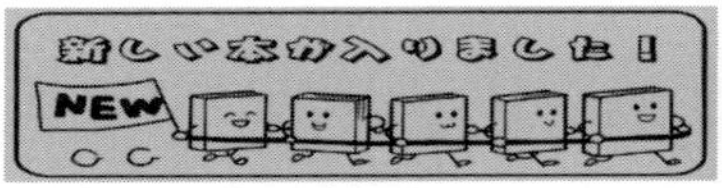

リクエスト受付中！
くわしい方法は図書館で学校司書にきいてください。
貸出中の本も予約できます。

リクエストと続刊

所在記号《しょざいきごう》	書名《しょめい》	著者《ちょしゃ》	発行所《はっこうじょ》
210 ミ	昭和史の１０大事件	宮部　みゆき、 半藤　一利	文藝春秋
610 マ	カレーライスを一から作る　関野吉晴ゼミ	前田　亜紀	ポプラ社
913 ヨ	ふたりの距離の概算	米澤　穂信	ＫＡＤＯＫＡＷＡ
933 フ9、10	秘密　上・下　アラルエン戦記９、１０	ジョン・フラナガン	岩崎書店

研修プログラム16　業務のふりかえりと次年度の資料作り

研修のめあて
・今年度取り組んだ業務をふりかえり、次年度の展望をもつ。
・利用統計などについて知る。

対象者
学校司書（全員）

講師
指導主事、学校図書館支援スタッフ、学校司書（事例報告）
全体で共有することが有意義と考えられる実践例1～2例の報告を学校司書に依頼する。

事前課題
・年間活動計画の書式（研修プログラム11-3国語教科書に出てくる学校図書館活用年間計画の書式（134ページ）を参考にして作成）を配布し、今年度の実践を記入する。
・年間の利用統計を作成し持参する。

【研修プログラム】
《本日のめあてと活動の流れ》（5分）
Ⅰ　実践報告（40分／小中各1校20分ずつ）

Ⅱ　質疑応答（10分）
Ⅲ　グループ討議（30分）
Ⅳ　次年度の目標、計画案を記入（20分）
《本日の研修ふりかえり》（5分）

【研修の内容と解説】

Ⅰ　実践報告

・学校司書による実践報告。小学校、中学校で各20分程度。
・他校の参考になる先行した取り組み、全体で共有したい実践を研修スタッフが選び、事前に学校司書に依頼する。
・報告のテーマは以下のようなものが考えられる。できれば利用統計と関連づけて報告する。

〔**報告のテーマ例**〕
・環境整備
・読書活動の支援
・利用指導
・各教科や総合学習の授業支援
・公共図書館や他校種との連携

・学校図書館利活用の校内研修
・広報

Ⅱ　質疑応答

・報告者と研修スタッフが質問に答える。

Ⅲ　グループ討議

・事前に記入してきた今年度の実践をもとに、意見交換する。
・実践の成果と反省点を利用統計も参照して検討し、改善のアイデアを出しあう。

Ⅳ　次年度の目標、計画案を記入

・次年度の目標や取り組みたいことを書き出す（180ページ参照）。
・研修担当者が回収し、次年度の同じテーマの研修の際に再配布する。

次年度の目標、計画案（様式例）

学校司書研修　今年度のふりかえりと次年度の展望

1. 今年度、重点的に取り組んだことを具体的にあげてください。
    - ・開館サインを作った。
    - ・本を日本十進分類法の順になるよう整理した。
    - ・10分類のサインを作った。
    - ・書架見出しを作った。

2. 上記の取り組みの結果、変化したことがあればあげてください。
    - ・開館時間がわかりやすくなり、来館者が増加した。
    - ・生徒が探している本を見つけやすくなった。貸出冊数が増加した。
    - ・司書自身が蔵書を把握することができたので、資料提供がしやすくなった。
    - ・不足している資料がわかった。

3. 来年度の目標と、そのために重点的に取り組みたいことを具体的に書いてください。
    - ・利用者を増やしたい。
    - ・生徒を引きつける展示をしたい。
    - ・文学以外の本も紹介したい。
    - ・授業に関連する資料を紹介したい。
    - ・日本文学の著者見出しを入れたい。

おわりに

この本を手にしていただき感謝いたします。私たちは学校・公共図書館司書、教員、学校図書館支援センター職員、ボランティアとして学校図書館にかかわってきました。また、子どもの本にかかわる専門団体で学びながら、子どもの読書環境をよくする活動をしてきました。これらの体験と各地の情報を生かし、現場のニーズに合わせた本作りを目指しました。

近年の学校司書配置の増加にともない仕事内容の差が広がっています。学校司書の専門性は子どもたちの読書環境に大きく貢献します。一人職場の学校司書は着任と同時に何をどうすべきかの判断を迫られ、我流の仕事のしかたに陥る危険性も高いといえます。購入や廃棄、分類、配架等の基準さえ明確でない状況があります。また、研修担当者が学校図書館の知識、経験が乏しかったり、他業務を多く抱えて学校図書館の基本を学ぶ時間が取れなかったりする悩みを抱えています。そこで、計画的で継続的な研修を実現する助けに、すぐに使えるさまざまな工夫を取り入れました。

第1部は、学校図書館の基本と研修を成功に導くポイントです。必読部分のため、全体を20ページ以下でコンパクトにまとめました。

第2部の研修プログラムは私たちも学びなおしたい内容です。冒頭で各プログラムの概要を見渡せます。「1新任者研修」と「2学校図書館とは何か」を最初に実施していただき、そのほかのプログラムはご自由にお選びください。独自に作成した事前課題シートやワークシートもぜひご活用ください。講義内容はできるかぎり詳しく述べました。講師を招聘しにくい場合や校内研修、また学校司書の自主的な学びの場でもお使いいただけるようにと考えたからです。各プログラム末につけた参考文献は、利便性を考えて特徴と関連頁を加えました。

研修対象者に司書教諭・図書館担当教員を加えているのは、教職員との連携を進める役割の重要性からです。学校司書は教職員と協働してこそ、その職務を十分に果たせます。協働の一歩は、自治体内の学校図書館のとらえ方―教育に学校司書をどう生かすかを明確にし、教育委員会と現場が共有することです。

作成にあたっては「目指すべき学校司書像」の話しあいから始め、そのために必要な研修は何かを考えました。プログラムを決め、執筆分担をした後も例会を続け、文章や図表の細部まで検討しました。力を合わせ学びあっての完成ですので、各執筆者名は入れていません。

この間、「本作り空」の檀上聖子さんが毎回参加され活用できるかたちへと導いてくれました。スタッフの方々にもお世話になりました。出版にご尽力下さった玉川大学出版部の皆様にも御礼申し上げます。

長年の仲間の努力が実り、ようやく国は「学校図書館ガイドライン」でその望ましい在り方を示しました。とはいえ、学校司書の待遇の厳しさと望まれている専門性と職務の隔たりは大きいといわざるを得ません。専門性向上とともに待遇改善をと心から望みます。

このガイドブックが手助けになり、学校司書が学びを継続し実りある努力を重ねられますように、そして、専門職として教育活動に参画できることを切に願っております。

「学校図書館まなびの会」一同

研修に役立つブックリスト

第2部「研修プログラム」の参考文献を中心に、研修計画を立てたり、研修内容についてさらに学ぶ際に役立つ本を紹介します。

学校図書館全般

『1からわかる図書館の障害者サービス　誰もが使える図書館を目指して』佐藤聖一　学文社　2015年
『学校司書・司書教諭・図書館担当者のための学校図書館スタートガイド　サンカクくんと問題解決！』学校図書館スタートガイド編集委員会編著　少年写真新聞社　2015年
『「学校図書館ガイドライン」活用ハンドブック　解説編』堀川照代編著　悠光堂　2018年
『学校図書館基本資料集』野口武悟編　全国学校図書館協議会監修　全国学校図書館協議会　2018年
『学校図書館サービス論』小川三和子　青弓社　2018年
『学校図書館の出番です！』肥田美代子　ポプラ社　2017年
『学校図書館、まずはこれから』（はじめよう学校図書館1）中村伸子　全国学校図書館協議会　2012年
『協働する学校図書館〈小学校編〉　子どもに寄り添う12か月』（シリーズ学校図書館）吉岡裕子　少年写真新聞社　2010年
『子どもの人権と学校図書館』渡邊重夫　青弓社　2018年
『最先端の図書館づくりとは？』（シリーズ・変わる！学校図書館3）門内輝行監修　ミネルヴァ書房　2018年
『司書教諭・学校司書のための学校図書館必携　理論と実践　改訂版』全国学校図書館協議会監修　悠光堂　2017年
『司書と先生がつくる学校図書館』福岡淳子　玉川大学出版部　2015年
『児童サービス論』（JLA図書館情報学テキストシリーズⅢ6）堀川照代編著　日本図書館協会　2014年
『児童サービス論　第2版』（ライブラリー図書館情報学7）金沢みどり　学文社　2014年
『多様性と出会う学校図書館　一人ひとりの自立を支える合理的配慮へのアプローチ』野口武悟・成松一郎編著　読書工房　2015年
『作ろう！わくわく図書館だより』太田敬子　全国学校図書館協議会　2017年
『一人ひとりの読書を支える学校図書館　特別支援教育から見えてくるニーズとサポート』野口武悟編著　読書工房　2010年
『読みたい心に火をつけろ！　学校図書館大活用術』木下通子　岩波書店　2017年

学校司書の役割

『学校司書の役割と活動　学校図書館の活性化の視点から』金沢みどり編著　学文社　２０１７年
『学校図書館に司書がいたら　中学生の豊かな学びを支えるために』（シリーズ学校図書館）村上恭子　少年写真新聞社　２０１４年
『夢を追い続けた学校司書の四十年　図書館活用教育の可能性にいどむ』五十嵐絹子　国土社　２００６年

蔵書、資料組織

『学校図書館のための図書の分類法』（学校図書館入門シリーズ８）芦谷清　全国学校図書館協議会　２００４年
『学校図書館メディアの選びかた』（はじめよう学校図書館２）高橋知尚　全国学校図書館協議会　２０１２年
『学校図書館メディアの構成』（司書教諭テキストシリーズⅡ２）小田光宏編　樹村房　２０１６年
『学校図書館メディアの構成』（シリーズ学校図書館学２）「シリーズ学校図書館学」編集委員会編　全国学校図書館協議会　２０１０年
『学校図書館メディアの構成とその組織化　改訂版』（学校図書館図解・演習シリーズ２）志村尚夫編著　青弓社　２００９年
『学校図書館をデザインする　メディアの分類と配置』（はじめよう学校図書館４）大平睦美　全国学校図書館協議会　２０１２年
『資料・情報を整備しよう　学校図書館メディアの選択と組織化』（シリーズいま、学校図書館のやるべきこと２）笠原良郎・紺野順子　ポプラ社　２００５年
『その蔵書、使えますか？　図書の更新のすすめ』（はじめよう学校図書館３）竹村和子　全国学校図書館協議会　２０１２年

読書活動

『あなたもブックトーク』京都ブックトークの会編　連合出版　２００９年
『おはなし会ガイドブック　小学生向きのプログラムを中心に』茨木啓子ほか編著　こぐま社　２００３年
『お話のリスト　新装版』東京子ども図書館編　東京子ども図書館　２０１４年
『学校図書館が動かす　読書イベント実践事例集』牛尾直枝・高桑弥須子編著　少年写真新聞社　２０１６年
『今日からはじめるブックトーク　小学校での学年別実践集』（シリーズ学校図書館）徐奈美　少年写真新聞社　２０１０年
『キラキラ応援ブックトーク　子どもに本をすすめる33のシナリオ』キラキラ読書クラブ　岩崎書店　２００９年
『子どもに物語の読み聞かせを　読み聞かせに向く２６０話のリスト』尾野三千代編著　児童図書館研究会　２０１４年
『小学校での読み聞かせガイドブック　朝の15分のために　改訂版』湯沢朱実ほか編著　プランニング遊　２０１４年
『読書の指導と学校図書館』（学校図書館学２）小川三和子　大串夏身監修　青弓社　２０１５年

『ブックトークのきほん　21の事例つき』東京子ども図書館編　東京子ども図書館　２０１６年
『ミニブックトークをどうぞ』北畑博子　連合出版　２００４年
『昔話は残酷か　グリム昔話をめぐって』野村泫　東京子ども図書館　１９９７年
『読み聞かせＡＢＣ　集団の子供たちへの読み聞かせに　改訂版』（東京都子供読書活動推進資料）東京都立多摩図書館　２０１９年
『よみきかせのきほん　保育園・幼稚園・学校での実践ガイド』東京子ども図書館編　東京子ども図書館　２０１８年

調べ学習、レファレンス

『学習指導・調べ学習と学校図書館　改訂版』（学校図書館図解・演習シリーズ３）大串夏身編著　青弓社　２００９年
『学校図書館で役立つレファレンス・テクニック　調べる面白さ・楽しさを伝えるために』（シリーズ学校図書館）齊藤誠一　少年写真新聞社　２０１８年
『子どもはハテナでぐんぐん育つ　図書館で調べ学習をやってみよう！』調べ学習研究会「調之森」編著　岩崎書店　２０１７年
『実践型レファレンス・サービス入門 補訂2版』（ＪＬＡ図書館実践シリーズ１）斎藤文男・藤村せつ子　日本図書館協会　２０１９年
『授業にいかす情報ファイル』（はじめよう学校図書館６）藤田利江　全国学校図書館協議会　２０１１年
『パスファインダーを作ろう　情報を探す道しるべ』（学校図書館入門シリーズ12）石狩管内高等学校図書館司書業務担当者研究会　全国学校図書館協議会　２００５年
『パスファインダー作成法　主題アクセスツールの理念と応用』鹿島みづき　樹村房　２０１６年
『学びを拓く授業モデル』（学校図書館から教育を変えるⅢ）五十嵐絹子・藤田利江編著　国土社　２０１４年
『問題解決のためのレファレンスサービス　新版』長澤雅男・石黒祐子　日本図書館協会　２００７年

ブックリスト

『絵本の庭へ』（児童図書館基本蔵書目録１）東京子ども図書館編　東京子ども図書館　２０１２年
『科学の本っておもしろい　２００３―２００９』科学読物研究会編　連合出版　２０１０年
『キラキラ読書クラブ　子どもの本７０２冊ガイド　改訂新版』キラキラ読書クラブ編　玉川大学出版部　２０１４年
『子どもと本をつなぐあなたへ　新・この一冊から』「新・この一冊から」をつくる会編　東京子ども図書館　２００８年
『ひとりでよめたよ！　幼年文学おすすめブックガイド２００』大阪国際児童文学振興財団編　評論社　２０１９年
『物語の森へ』（児童図書館基本蔵書目録２）東京子ども図書館編　東京子ども図書館　２０１７年

特別支援教育 164
図書館だより 95, 170, 176
図書記号 60, 62, 65
図書室 9

な

日本十進分類法（NDC） 60, 62, 66

は

配架 50, 60, 62, 63, 124
廃棄 30, 73, 74, 76, 77
博物資料 45
パスファインダー 135, 136, 139
発達障害者支援法 164
バリアフリー 165
ビブリオバトル（書評合戦） 102
百科事典 44, 127, 145
ファイル資料 64, 137, 138
ブックトーク 113, 114, 115, 118, 138
ブックリスト 89, 94
分類番号 61, 62, 64
別置記号 63, 65
本選び 109, 118, 119
本の評価 92, 93

ま

マルチメディア DAISY 47, 166
昔話 108
目録 54

や

ユニバーサルデザイン 84, 165, 167
読み聞かせ 106, 107, 111
読み聞かせの記録 110
予約制度 108, 116

ら

リクエスト 53, 121
リスト読み 102
利用指導 102, 120, 125, 127
レファレンス（サービス） 36, 138, 145, 147
レファレンスインタビュー 147, 152, 153, 154
レフェラルサービス 137
朗読 107, 108, 112, 172

さ

参考図書（レファレンスブック） 44, 63, 124, 138, 141, 145
自校独自資料 46
司書 15
司書教諭 12, 13
事前調査 15
視聴覚資料 46, 137
実践報告 178
授業支援 137
守秘義務 31
障害者 164
情報カード 46, 127, 129, 137
情報活用能力 11, 36, 44, 139
情報交換 17, 84
情報センター 11, 29, 36, 44
情報リテラシー 122, 124, 131
書架整理 29, 76
書架見出し 36, 83
除籍 76
書評 53, 94
調べ学習 135, 136, 138
調べ学習支援 135
新刊情報 94, 95
推薦リスト 103
所在記号（請求記号） 60, 62
静読 98, 101
全国学校図書館協議会図書選定基準 52, 94
選書 52, 53, 88, 92, 94
蔵書構成 52, 55, 138
蔵書構築 50, 76
蔵書点検 76
蔵書統計 55
蔵書の配分比率 51
蔵書率 51

た

探究的な学び 122, 124, 131
団体貸出 54, 108
地域資料 44, 46
直接的支援 13, 29, 36, 137
ティーム・ティーチング（TT） 16, 35, 137
テーマ別（単元別）図書リスト 136, 138
電子メディア 43, 46, 128
読書 13, 99, 116
読書会 90, 102
読書活動 11, 34, 35, 88, 98, 99, 101
読書教育 99
読書記録 102
読書指導 11, 88, 99, 131, 132
読書センター 11, 29, 35, 43
読書力 44, 102

索引

・下段註、参考文献をのぞく本文および資料（一部）中の事項を収録した。
・配列は事項の五十音順とした。
・くり返し出てくる事項については、おもな説明のあるページのみを採った。

アルファベット

LLブック　47, 166
MARC　61

あ

朝読書　100
アニマシオン　102
案内表示　82, 83
絵本　45, 63, 107
オリエンテーション　120, 121

か

学習指導案　35, 46
学習指導要領　14, 43, 125, 131
学習センター　11, 29, 35, 44
語り（素話）　111
学校司書　12, 13
学校図書館ガイドライン　4, 10, 11, 12, 29, 33
学校図書館活用年間計画　56, 101
学校図書館チェックシート　37, 40, 41
学校図書館図書標準　44, 51, 74
学校図書館の利活用　14, 35, 87
学校図書館法　4, 10, 29, 34, 35
学校図書館メディア基準　51, 55, 74
学校図書館利用指導　123
環境整備　82
巻冊記号　62, 65, 66
間接的支援　13, 29, 36
関連団体　17
教育指導への支援　13, 30, 36
教科書　35, 43, 132
掲示　82, 83
継続資料（逐次刊行物）　45
（学校図書館）見学　85, 86
研修記録　16, 18
研修計画　15, 22
研修のふりかえりシート　27
件名　54, 64
公共図書館　10, 16, 94, 104
（資料の）更新　73, 74, 76
校内研修　4, 16
広報　169, 170
合理的配慮　47
コーナー展示　84
子どもの発達　157, 158
子どもへの接し方　160

著者（五十音順）

石井啓子（いしい・けいこ）
東京学芸大学教育学部（初等教育教員養成課程理科選修）卒業。元東京都公立小学校教員（訪問学級、障害児学級、通常学級担任、司書教諭）。現在、杉並区立済美教育センター学校図書館支援担当。日本子どもの本研究会選定委員。読書のアニマシオン研究会会員。

佐川祐子（さがわ・さちこ）
慶應義塾大学文学部（図書館・情報学専攻）卒業。同大学院文学研究科（情報資源管理分野・社会人大学院）修了。教育委員会の学校図書館支援担当として学校図書館の活動支援、学校司書研修の企画・運営等に従事。現在、公立図書館職員。朝日新聞「子どもの本棚」欄を約15年間担当。児童図書館研究会会員。

千田てるみ（せんだ・てるみ）
東洋大学社会学部応用社会学科（図書館学専攻）卒業。小学校教員を経て、中学校図書館、学校図書館支援組織に勤務。現在、小学校で読み聞かせや学校図書館でのディスプレイ等のボランティアをおこなう。日本子どもの本研究会選定委員。同会学校図書館研究部員。読書のアニマシオン研究会会員。

原田百合枝（はらだ・ゆりえ）
日本女子大学文学部教育学科卒業。元同大学図書館司書。小学校学校司書を経て、現在、杉並区立済美教育センター学校図書館支援担当。杉並区教育研究指定校研究発表「豊かで確かな言葉の力を付ける授業の工夫　読書活動を通して」に学校司書として携わる。日本学校図書館学会会員。

福岡淳子（ふくおか・あつこ）
東京学芸大学教育学部（初等教育教員養成課程国語選修）卒業。小学校教員、小学校学校司書等を経て、小学校で図書の授業を担当。現在、学校司書、司書教諭、保護者、市民対象の講座講師をつとめる。日本子どもの本研究会会員。同会学校図書館研究部員。児童図書館研究会会員。著書に『司書と先生がつくる学校図書館』（玉川大学出版部）。

前田千草（まえだ・ちぐさ）
立教大学文学部史学科卒業。司書課程を修了。小中高と学校図書館に司書が勤務する公立校に通う。財団法人ヤマハ音楽振興会勤務を経て、図書ボランティアとして小学校図書館の環境整備に携わる。現在、中学校学校司書として勤務。日本子どもの本研究会会員。同会学校図書館研究部員。

装丁：中浜小織（annes studio）
協力：中山義幸（Studio GICO）

編集・制作：株式会社 本作り空 Sola
http://sola.mon.macserver.jp/

学校《がっこう》司《し》書《しょ》研修《けんしゅう》ガイドブック

現場《げんば》で役立《やくだ》つ23のプログラム

2019年10月 1 日　初版第 1 刷発行

著　者―――学校図書館まなびの会

発行者―――小原芳明

発行所―――玉川大学出版部
〒194−8610　東京都町田市玉川学園6−1−1
TEL 042−739−8935　FAX 042−739−8940
http://www.tamagawa.jp/up/
振替：00180−7−26665
編集　森　貴志

印刷・製本――モリモト印刷株式会社
乱丁・落丁本はお取り替えいたします。

ISBN978−4−472−40556−3　C3037 / NDC010

玉川大学出版部の本

司書と先生がつくる学校図書館

福岡淳子 著

学校図書館を活用した学習は、子どもの学びの基礎力を育む。学校司書と教師が協働することで可能になる読書指導を具体的に解説。読み聞かせなどで使えるおすすめ本リストつき。

A5判並製・三一二頁・本体二、〇〇〇円

キラキラ読書クラブ　改訂新版

子どもの本702冊ガイド

キラキラ読書クラブ 編　住田一夢 絵

子どもが自分で本を探せるブックガイドの決定版！　本から本への縦横無尽のリンクつき。書名、人名、キーワード、舞台となった国、主人公の年齢といった、充実の索引を付す。

B5判上製・三四四頁・本体八、〇〇〇円

キラキラ子どもブックガイド

本ゴブリンと読もう360冊

キラキラ読書クラブ 編　小中大地 絵

小・中・大の〝本ゴブリン〟が、絵本、物語、ノンフィクションから小学生に読んでほしい本を紹介。子ども自身が自分の力に合う、絵本、物語、ノンフィクションを探すことができる。

A5判並製・一六八頁・本体一、六〇〇円

＊表示価格はすべて税別です